# 쉬운 일본어독해

김인정 著

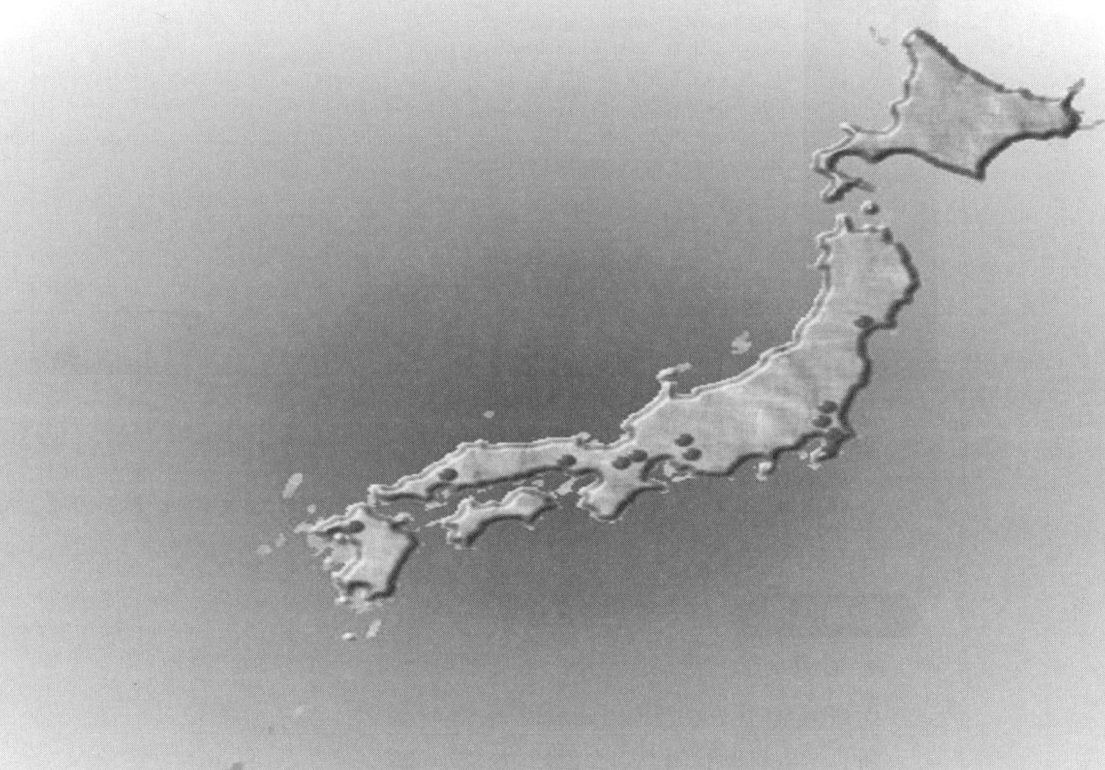

Eureka • Digerati • BoBos
에듀컨텐츠휴피아
http://www.ecbook.biz

EduContents B&B Book&Brain

# 쉬운 일본어독해


| | |
|---|---|
| 발행일 | 초판 1쇄 • 2009년 8월 30일 |
| 서명 | 쉬운 일본어독해 |
| 저자 | 김 인 정 著 |
| 발행처 | 에듀컨텐츠휴피아 |
| 발행인 | 李 相 烈 |
| 출판등록 | 제22-682호(2002년 1월 9일) |
| 주소 | 서울 송파구 문정동 11-8번지 2층 |
| 전화 | (02) 443-6366 |
| 팩스 | (02) 443-6376 |
| e-mail | huepia@daum.net |
| 홈페이지 | http://www.ecbook.biz |
| 만든사람들 | 기획 • 성화연 / 책임편집 • 이정희 / 표지디자인 • 이희자 / 영업 • 이강민 |
| 정가 | 10,000원 |
| ISBN | 978-89-6356-025-0 (03730) |




## 저자소개


**김 인정**

이화여자대학교 통번역대학원 통역과 졸업

現) 구미1대학 비즈니스일본어전공 교수

## 첫 머리에

이 교재는 일본어 초급과정을 마친 학습자가 중급단계로 넘어가기 위한 문형과 어휘, 한자 등을 종합적으로 공부할 수 있도록 구성한 일본어독해 초급과정입니다. 따라서 어휘와 문형과 한자는 문맥의 흐름상 불가피한 경우를 제외하고는 대부분 JLPT 3, 4급 정도의 수준에 맞췄습니다.

본문의 내용 또한 필자와 학생들이 직접 겪은 다양한 체험을 바탕으로 내용을 구성했기 때문에 재미있게 공부할 수 있을 것입니다.

전체 13과로 구성이 되어 있고, 각 과는 크게 4Part로 구성되어 있습니다.

**Part 1은** 본문내용을 읽고 해석하는 부분입니다.
본문내용을 읽을 때는 가능한 소리 내서 읽기를 바랍니다. 그래야만 발음도 좋아지고 듣고 이해하는 능력도 키워지게 될 것입니다.

**Part 2는** 문형연습입니다.
Part 2의 문형연습은 단순히 주어진 문장을 통해 익히는 방식이 아니라, 제시된 어휘를 바탕으로 문장을 완성하거나 간단한 작문을 해보는 형태로 실었기 때문에 학습자 스스로가 적극성을 가지고 공부한다면 종합적인 실력향상에 도움이 되리라 기대합니다.

**Part 3은** 직접 써보는 연습입니다.
본문내용을 익힌 후 학습자가 직접 일본어로 관련내용에 대해 작문해보는 순서입니다. 좀 더 level-up을 시키기 위한 과정이니 매 과마다 작성하는 것이 아니라, 학습자의 수준에 맞게 작성여부를 조절하면 되겠습니다.

**Part 4는** 한자연습입니다.
대부분 3, 4급 수준이니 읽고 쓸 수 있도록 연습하기 바랍니다.

이 교재를 통해서 학습자 여러분이 일본어에 대한 흥미를 더욱 가지게 되고 더 큰 도전의식을 가지고 외국어인 일본어를 공부해나갔으면 좋겠습니다.

끝으로 도와주신 분들에게 감사의 말을 전합니다.
먼저, 하나님께 감사드립니다.
이화여대 통번역대학원의 박혜경교수님, 카베난트교회 미와목사님, 후지와라 통번역학원의 후지와라 선생님, 사랑하는 가족들과 친구들, 그리고 늘 격려와 조언을 아끼지 않는 토모에게 고마움을 전합니다.
또한 바쁜 일정 가운데서도 출간을 흔쾌히 허락해주신 에듀컨텐츠휴피아 임직원 여러분께도 감사드립니다.

**2009년 8월 김 인정**

# <목 차>

쉬운 일본어독해

EduContents
B&B
Book&Brain

김인정 著

# 쉬운 일본어독해

김 인 정 著

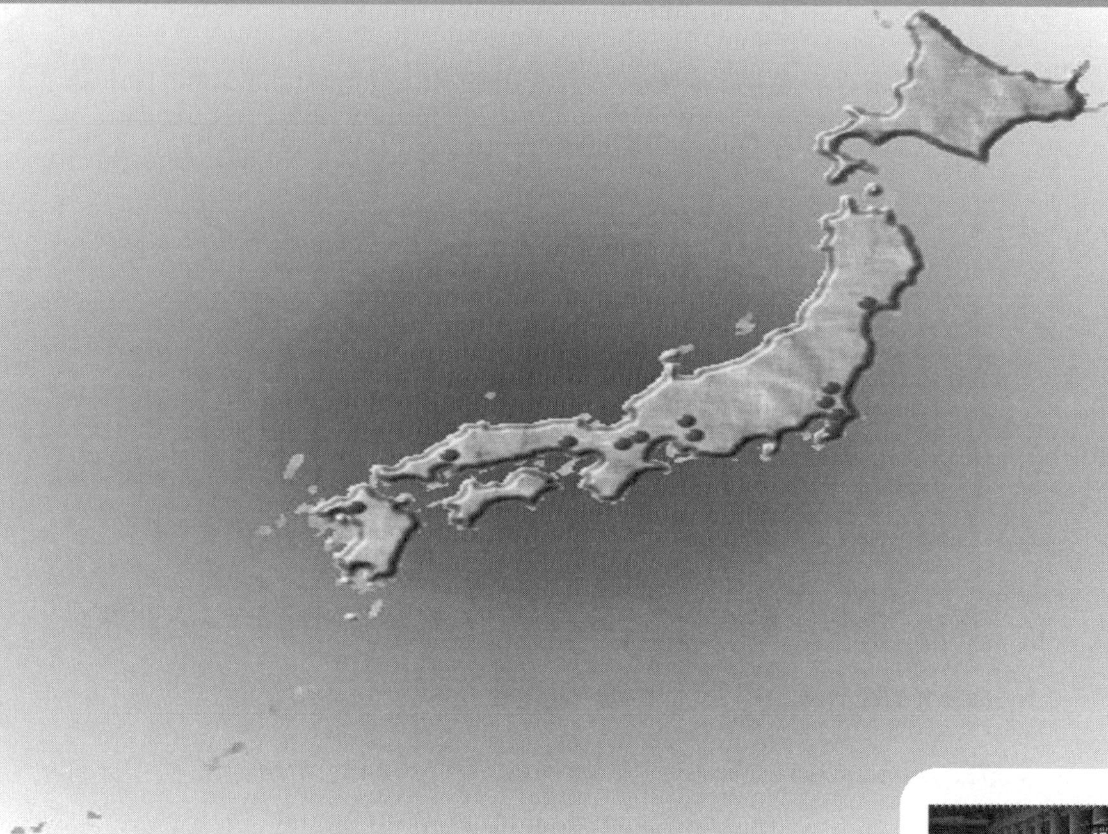

Eureka • Digerati • BoBos
에듀컨텐츠휴피아
http://www.ecbook.biz

EduContents
B&B
Book & Brain

# 自己紹介

はじめまして。チャン・ヨンエと申します。出身は、韓国のクミ市です。今年の四月、日本に来ました。26才です。どうぞよろしくおねがいします。

わたしは、○○つうやく学校で、つうやくとほんやくの勉強をしています。韓国では、銀行で働き**ながら**、大学を出ました。大学ではビジネス日本語をせんこうしました。大学で勉強しながら、つうやくやほんやくに、もっと関心ができました。それで、卒業し**てから**、両親と相談して、勤めていた銀行をやめて、日本に留学に来ました。

まわりの人はほとんどが、「どうしてあんないい職場をやめる**の**？もったいないよ。」と心配しましたが、「決心した**なら**、がんばり**なさい**。」とはげます人もいました。

今は日本に来てよかったと思っています。なぜなら、むかしからきょう味があった日本語と日本文化をしっかり勉強することができるからです。

また、わたし**の**通っている学校には、りゅうがく生もいますが、ほとんどは日本人です。おかげで、日本に来て半年になりますが、もうすっかり日本の生活になれました。それに、日本語の勉強にもとても役立っています。

いっしょうけんめい勉強して、しょうらい、つうやくやほんやくの仕事をやりたいと思います。以上です。

**일본 엿보기**

## おやすみなさい！

일본도 인사말의 종류가 많습니다.

그 중 밤에 자기 전의 인사말인 おやすみなさい 는 우리말로 했을 때 어떻게 될까요? なさい 가 명령이니까, '자라.' 가 되나?

그렇지 않습니다. おやすみなさい 는 '안녕히 주무세요.' 혹은 '잘 자요.' 정도의 인사말이 됩니다.

그렇다면 반말은요? 뒤의 なさい를 빼고 おやすみ 만 말하면 '잘 자.'라는 반말표현이 됩니다.

일종의 인사말로 굳어진 셈이지요.

비슷한 표현으로 '미안합니다.'란 뜻의 ごめんなさい 와 '미안.'이란 뜻의 ごめん 이 있습니다.

## 어휘주머니

申(もう)す 말씀 드리다
通訳(つうやく) 통역
働(はたら)く 일하다
関心(かんしん) 관심
両親(りょうしん) 부모
留学(りゅうがく) 유학
周(まわ)り 주변
やめる 그만두다
心配(しんぱい)する 걱정하다
はげます 격려하다
興味(きょうみ) 흥미
しっかり 확실히
おかげ 덕분
すっかり 완전히
慣(な)れる 익숙해지다
思(おも)う 생각하다
以上(いじょう) 이상
出身(しゅっしん) 출신
翻訳(ほんやく) 번역
専攻(せんこう) 전공
卒業(そつぎょう) 졸업
相談(そうだん)する 의논하다
留学生(りゅうがくせい) 유학생
職場(しょくば) 직장
もったいない 아깝다
決心(けっしん)する 결심하다
昔(むかし) 옛날
文化(ぶんか) 문화
～に通(かよ)う ～에 다니다
半年(はんとし) 반년
生活(せいかつ) 생활
将来(しょうらい) 장래
一生懸命(いっしょうけんめい) 열심히
役立(やくだ)つ 도움이 되다

* 자기소개를 해봅시다.

## 문형연습

### 1. ～ながら　　～하면서

①テレビを見ながら、食事をします。

TV를 보면서 식사를 합니다.

②（音楽を聞く）ながら、メールを書きます。

음악을 들으면서 메일을 씁니다.

③여행을 하면서 사진을 찍습니다.

### 2. ～てから　　～하고 나서, ～한 후에

①おふろに入ってから、夕飯を食べます。

목욕하고 나서 저녁을 먹습니다.

②料理は（手/洗う）から作ります。

요리는 손을 씻고 나서 만듭니다.

③영화를 보고 나서 저녁을 먹었습니다.

### 3. ～の　　<보통체 의문형조사> ～한 거야?

①どうして授業に遅れたの。

왜 수업에 늦은 거야?

②もう（仕事/終わる）。

벌써 일이 끝났어?

③오늘 학교 쉰 거야?

### 4. ～なら　<가정/조건표현> ~라면

①明日(あした)、暇(ひま)なら、映画(えいが)を見(み)に行(い)きませんか。

내일 한가하면 영화를 보러가지 않을래요?

② (旅行(りょこう)/行(い)く) なら、温泉(おんせん)はどうですか。 여행을 간다면 온천은 어때요?

______________________________

③애인이 있으면 유원지에 놀러갈 텐데.

______________________________

### 5. ～なさい　<가벼운 명령> ~해(요)

①もうこんな時間(じかん)なの？早(はや)く家(いえ)に帰(かえ)りなさい。

벌써 시간이 이렇게 됐어? 빨리 집에 돌아가요.

② (早(はや)い/起(お)きる) なさい。授業(じゅぎょう)に遅(おく)れるよ。 빨리 일어나. 수업에 늦는다.

______________________________

③여기는 금연이므로 담배를 피워서는 안 됩니다.

______________________________

### 6. が→の

①私(わたし)はプレゼントをもらいました。プレゼントは指輪(ゆびわ)でした。

나는 선물을 받았습니다. 선물은 반지였습니다.

→ 私(わたし) (が　→　の) もらったプレゼントは指輪(ゆびわ)でした。

내가 받은 선물은 반지였습니다.

②私(わたし)はカレーライスを食(た)べました。　カレーライスはとてもおいしかったです。

나는 카레라이스를 먹었습니다. 카레라이스는 매우 맛있었습니다.

→______________________________

내가 먹은 카레라이스는 매우 맛있었습니다.

## 한자연습

| 通<br>つう<br>かよ・う／とお・る | | | | |
|---|---|---|---|---|
| 会社(かいしゃ)に通(かよ)う。　毎日(まいにち)通(とお)る道(みち)。　通訳(つうやく)。 | | | | |

| 勉<br>べん | | | | |
|---|---|---|---|---|
| 英語(えいご)を勉強(べんきょう)する。 | | | | |

| 強<br>きょう<br>つよ・い | | | | |
|---|---|---|---|---|
| 力(ちから)が強(つよ)い。勉強(べんきょう)。 | | | | |

| 銀<br>ぎん | | | | |
|---|---|---|---|---|
| 銀(ぎん)メダルをとる。銀行(ぎんこう)。 | | | | |

| 働<br>とう<br>はたら・く | | | | |
|---|---|---|---|---|
| 工場(こうじょう)で働(はたら)く。 | | | | |

| 思<br>し<br>おも・う | | | | |
|---|---|---|---|---|
| 日本(にほん)をどう思(おも)いますか。 | | | | |

| | | | | |
|---|---|---|---|---|
| 文<br>ぶん | | | | |
| 文化(ぶんか)。 | | | | |
| 味<br>み<br>あじ | | | | |
| 興味(きょうみ)。趣味(しゅみ)。味(あじ)がいい。 | | | | |
| 場<br>じょう<br>ば | | | | |
| 場所(ばしょ)をさがす。工場(こうじょう)。 | | | | |
| 親<br>しん<br>おや／した・しい | | | | |
| 親(おや)と子(こ)。両親(りょうしん)。二人(ふたり)は親(した)しい。 | | | | |
| 心<br>しん<br>こころ | | | | |
| 心配(しんぱい)する。心(こころ)がやさしい。 | | | | |
| 市<br>し<br>いち | | | | |
| 大阪市(おおさかし)。市場(いちば)に行(い)く。 | | | | |

# 私のゆめ

1． 私のゆめは、ホテルで働くホテリアーになることです。

高校のとき、ぐうぜん「ホテリアー」というドラマを見てからずっとゆめでした。 同じゆめを持つ友だちがいて、しょうらい、同じホテルにつとめる**ことにしました**。 それで、いっしょにホテルで働いている自分たちをそうぞうしてみ**たり**、ホテルのじょうほうを集め**たり**、いろんなどりょくをしました。

まだ、ホテリアーにはなっていませんが、私は今、ゆめにむかって、一歩ずつ進んでいます。大学に入ったこともその一つです。日本語の勉強は思ったよりむずかしいですが、いっしょうけんめい勉強すれ**ば**、いつかはきっと、ホテリアーに**なれる**と思います。以上です。

2． 私はしょうらい、日本語の通訳になりたいです。

もちろん、まだ日本語は始め**たところ**なので、まだまだ遠い話ですが。

でも、私は日本語がとてもすきで、勉強の方もがんばっているので、いつかはきっと、通訳になれるとしんじています。

また、ことばだけではなく、日本語でキーボードを打つ練習もしています。

日本語(にほんご)でメールが書(か)ければ、日本人(にほんじん)の友(とも)だちを作(つく)ることもできるし、日本(にほん)のことをもっと知(し)ることができると思(おも)います。

これからもがんばりますので、みなさんも応援(おうえん)してください。以上(いじょう)です。

### 일본 엿보기

## じゃんけん

일본과 한국은 말할 때 순서가 바뀌는 경우가 많습니다.

대표적인 예가 가위바위보. 한국에서는 가위-바위-보의 순이지만, 일본에서는 보통 "最初(さいしょ)は グー(처음엔 주먹)"라고 말하며 시작하기 때문에 처음엔 바위(グー)를 내게 됩니다. 즉 바위(グー) - 가위(チョキ) - 보(パー)가 되지요.

전해지는 말에 의하면 중국에서 전래되었던 당시부터 그랬던 것은 아니고 가위바위보를 할 때 서로 박자가 안 맞는 것을 맞추고자 누군가가 쓰기 시작한 것이 지금에 이르렀다고 합니다.

## 어휘 주머니

| | | | |
|---|---|---|---|
| 夢(ゆめ) | 꿈 | ホテリアー | 호텔리어 |
| 自分(じぶん) | 자신 | ～たち | ～들 |
| ぐうぜん | 우연히 | ずっと | 줄곧, 내내 |
| 想像(そうぞう)する | 상상하다 | 情報(じょうほう) | 정보 |
| ～たり | ～하거나 | それで | 그래서 |
| 集(あつ)める | 모으다 | いろいろ | 여러 가지 |
| 努力(どりょく) | 노력 | 向(む)かう | 향하다 |
| 一歩(いっぽ) | 한 걸음 | ～ずつ | ～씩 |
| 進(すす)む | 나아가다 | ～てみる | ～해보다 |
| いつか | 언젠가 | きっと | 반드시, 꼭 |
| ～ば | ～하면 | ～ことにする | ～하기로 하다 |
| がんばる | 힘내다, 열심히 하다 | 信(しん)じる | 믿다 |
| 言葉(ことば) | 말 | ～だけではなく | ～뿐 아니라 |
| 始(はじ)める | 시작하다 | ～ところ | 막～한 참 |
| キーボード | 키보드 | 打(う)つ | 치다 |
| 練習(れんしゅう) | 연습 | ～ことができる | ～할 수 있다 |
| ～と思(おも)う | ～라고 생각하다 | ～し | ～이고 |
| 以上(いじょう) | 이상 | 応援(おうえん) | 응원 |

* 자신의 꿈에 대해 소개해주세요.

## 문형연습

### 1. ～ことにする　～하기로 하다

①来月からフィットネスクラブに通うことにしました。

다음 달부터 헬스클럽에 다니기로 했습니다.

②今度の冬休みは、（家族／温泉／行く）ことにしました。

이번 겨울방학은 가족과 온천에 가기로 했습니다.

______________________________________________

③내일부터 아침에 일찍 일어나고 저녁에 일찍 자기로 했습니다.

______________________________________________

### 2. ～たり～たりする　～하거나 ~하거나 하다

①休みのときは、家でテレビを見たり、買い物に行ったりします。

휴일에는 집에서 TV를 보거나 쇼핑을 하거나 합니다.

②今日は朝から（雨が降る／止む）しています。

오늘은 아침부터 비가 왔다가 그쳤다가 하고 있습니다.

______________________________________________

③아까부터 그는 내 앞에서 왔다 갔다 하고 있습니다.

______________________________________________

### 3. ～ば　<조건표현> ~하면

①この薬を飲めば、よくなりますか。

이 약을 먹으면 좋아질까요?

②ここから駅まで（どうやって／行く）、いいですか。

여기에서 역까지 어떻게 가면 됩니까?

______________________________________________

③당신이 얘기하면 나도 얘기하겠어요.

______________________________________________

### 4. ~(ら)れる　<가능형> ~할 수 있다

①タイでは、韓国(かんこく)のウォンがそのまま使(つか)えます。

태국에서는 한국의 원을 그대로 쓸 수 있습니다.

②（テニスをする）なら、今度(こんど)の日曜日(にちようび)、テニスをしに行(い)きませんか。

테니스를 칠 수 있다면 이번 일요일에 테니스 치러 가지 않겠습니까?

______________________________

③그 짐 혼자서 운반할 수 있습니까?

______________________________

### 5. ~たところ　막~한 참

①ちょうど今(いま)、うちへ帰(かえ)ったところです。

지금 막 집에 돌아온 참입니다.

②今(いま)、（夕食(ゆうしょく)／支度(したく)／終(お)わる）ところです。

지금 저녁 준비가 끝난 참입니다.

______________________________

③선생님은 막 나가셨습니다만.

______________________________

### 6. ~し　~이고, ~이겠다

①木村(きむら)さんは、ルックスもいいし、頭(あたま)もいいです。

기무라씨는 외모도 좋고 머리도 좋습니다.

②（もう遅(おそ)い）し、（お腹(なか)もすく）し、そろそろ帰(かえ)りましょう。

벌써 늦었고 배도 고프고 (하니) 슬슬 돌아갑시다.

______________________________

③어제는 더웠고 일도 많았고 정말 피곤했습니다.

______________________________

## 한자연습

| 高<br>こう<br>たか・い | | | | |
|---|---|---|---|---|
| 高校生(こうこうせい)。高(たか)いビル。 | | | | |

| 時<br>じ<br>とき | | | | |
|---|---|---|---|---|
| 高校(こうこう)の時(とき)。時間(じかん)。 | | | | |

| 持<br>じ<br>も・つ | | | | |
|---|---|---|---|---|
| ゆめを持(も)つ。 | | | | |

| 自<br>じ<br>みずか・ら | | | | |
|---|---|---|---|---|
| 自分(じぶん)。 | | | | |

| 集<br>しゅう<br>あつめ・る | | | | |
|---|---|---|---|---|
| 人(ひと)を集(あつ)める。 | | | | |

| 歩<br>ほ<br>ある・く | | | | |
|---|---|---|---|---|
| 一歩(いっぽ)。道(みち)を歩(ある)く。 | | | | |

| 進<br>しん<br>すす・む/すす・める | | | | |
|---|---|---|---|---|
| 一歩(いっぽ)ずつ進(すす)んでいる。進行(しんこう)。 | | | | |

| 始<br>し<br>はじ・まる/はじ・める | | | | |
|---|---|---|---|---|
| 授業(じゅぎょう)が始(はじ)まる。授業(じゅぎょう)を始(はじ)める。 | | | | |

| 好<br>こう<br>す・きだ/この・む | | | | |
|---|---|---|---|---|
| ラーメンが好(す)きです。 | | | | |

| 習<br>しゅう<br>なら・う | | | | |
|---|---|---|---|---|
| 練習(れんしゅう)。日本語(にほんご)を習(なら)う。 | | | | |

| 作<br>さく<br>つく・る | | | | |
|---|---|---|---|---|
| 友(とも)だちを作(つく)る。作文(さくぶん)。 | | | | |

| 書<br>しょ<br>か・く | | | | |
|---|---|---|---|---|
| 字(じ)を書(か)く。図書館(としょかん)。 | | | | |

# ホームステイ

私はカリフォルニアに住むジョンスンさんのお宅でホームステイしました。

最初は本当に落ち込みました。いっしょうけんめい勉強した英語な**のに、**ジョンスンさんの言っていることが半分も理解できません。しかし、泣きごとばかり言っている場合ではありませんでした。

「どんなに帰りたくないと思っ**ても、**一年後は帰ら**なければならない。**一年間のバイト代でここまで来た。だから、もっとがんばらなければ！」そう思った次の日から私の生活は変わりました。

クラスメートは、韓国や中国、ロシア、メキシコ、ベトナムなどいろいろな国の人びとでした。　とくに私のクラスは私以外日本人はいなかった**ため、**いやでも英語で話さなければなりません。先生も「教室では、英語以外のことばは使ってはいけませんよ。」と話したので、もう落ち込んでいる場合ではありませんでした。これは、本当にすばらしいかんきょうでした。

学校で英語を使って会話が少しできる**ようになった**ので、学校生活もいっそう楽し**くなりました。**また、家に帰ってもジョンスンさんに英語で話しかけるようになりました。ジョンスンさんの言っていることが全部はわからなくても、毎日、いっしょにばんご飯を作りながら、英語で話したりしました。

そうして、日本に帰るごろには、英語がとても上手**になって**、アメリカ映画もほとんど聞き取られるようになりました。

私はホームステイして本当によかったと思っています。

### 일본 엿보기

## アパート・マンション

한국의 아파트는 일본에서는 보통 맨션(マンション)이라고 부릅니다. 일본에서 아파트(アパート)라고 하면 목조건물로 된 보다 저렴한 아파트를 의미하는 경우가 일반적입니다.

이들 아파트의 이름에는 ~장(荘) 이 붙는 경우가 많은데, 한국에서는 주로 여관이름에 붙기 때문에 처음 일본에 간 친구들이 일본도 여관이 많다고 오해했다나요?!

최근에는 아파트 이름에 ~하이츠(ハイツ) , ~코포(コーポ)처럼 외래어 이름이 붙은 경우도 많습니다.

그밖에 한국처럼 큰 단지를 이루는 아파트들은 주로 도심부 외곽에 자리 잡고 있고 이들은 보통 단지(団地)라고 부릅니다.

## 어휘주머니

- 住む(すむ)　살다
- ホームステイ　홈스테이
- 落ち込む(おちこむ)　낙담하다
- 半分(はんぶん)　절반
- 泣きごと(なきごと)　우는 소리
- ～後(ご)　～후에
- ～間(かん)　～간, ～동안
- ～代(だい)　～비(비용)
- 次(つぎ)　다음
- ～なければならない　～해야 한다
- 人々(ひとびと)　사람들
- ～以外(いがい)　～이외
- ～ため　～ 때문에
- 使う(つかう)　사용하다
- すばらしい　훌륭하다, 멋지다
- ～ようになる　～하게 되다
- 全部(ぜんぶ)　전부
- ～ごろ　～경, 무렵
- お宅(たく)　댁(남의 집을 높여 부름)
- 最初(さいしょ)　처음에
- ～のに　～인데
- 理解する(りかいする)　이해하다
- ～ばかり　～만
- どんなに～ても　아무리～해도
- バイト　아르바이트
- がんばる　힘내다
- 変わる(かわる)　바뀌다, 변하다
- クラスメート　학급친구
- 特に(とくに)　특히
- もう　이제 더 이상
- いやだ　싫다
- 場合(ばあい)　경우
- 環境(かんきょう)　환경
- 話しかける(はなしかける)　말을 걸다
- 晩ご飯(ばんごはん)　저녁식사
- 聞き取る(ききとる)　알아듣다

* 국내외에서 홈스테이 경험이 있다면 소개해주세요.

## 문형연습

### 1. ～のに　　~인데

①彼女は病気なのに、仕事をばりばりやっています。

그녀는 아픈데도 일을 열심히 하고 있습니다.

②（お酒／何本／飲む）のに、ほとんど酔いませんでした。

술을 몇 병이나 마셨는데도 거의 취하지 않았습니다.

③어제 쉬는 날이었는데 아무데도 가지 않았습니다.

### 2. ～ても（でも）　　~하더라도, ~해도

①雨が降っても、試合は行います。

비가 오더라도 경기는 진행합니다.

②（何度／失敗する）ても、またチャレンジするつもりです。

몇 번 실패하더라도 다시 도전할 생각입니다.

③저는 아무리 먹어도 살이 찌지 않습니다.

### 3. ～なければならない　~하지 않으면 안 된다 = ~해야 한다

①子どもは、野菜をたくさん食べなければなりません。

어린이는 야채를 많이 먹지 않으면 안 됩니다.

②かぜをひいたので、（病院／行く）なければなりません。

감기에 걸렸기 때문에 병원에 가지 않으면 안 됩니다.

③다음 주까지 이 책을 다 읽어야만 합니다.

## 4. ～ため　<이유> ～ 때문에

①事故のため、電車が10分も遅れました。

사고 때문에 전철이 10분이나 늦었습니다.

②（毎朝／ジョギングする）ため、体重が５キロも減った。

매일 아침 조깅했기 때문에 체중이 5킬로나 줄었다.

③열심히 공부했기 때문에 성적이 꽤 올랐다.

## 5. ～ようになる　～ 하게 되다

①日本語がだんだんわかるようになりました。

일본어를 점점 알 수 있게 되었습니다.

②うちの子は（一人で／歩く）ようになりました。

우리 아이는 혼자서 걸을 수 있게 되었습니다.

③혼자서도 전철을 탈 수 있게 되었습니다.

## 6. ～くなる / ～になる　～하게 되다, ～해지다

①最近、海外旅行をする人が多くなりました。

최근에 해외여행을 하는 사람이 많아졌습니다.

②ケイタイの普及で、（連絡／べんりだ）になりました。

휴대폰의 보급으로 연락이 편리해졌습니다.

③건강은 좀 좋아졌습니까? 빨리 건강해지세요.

## 한자연습

| | | | | |
|---|---|---|---|---|
| 住<br>じゅう<br>す・む | | | | |
| 住所(じゅうしょ)。カリフォルニアに住(す)む。 | | | | |
| 英<br>えい | | | | |
| 英語(えいご)。 | | | | |
| 話<br>わ<br>はな・す/はなし | | | | |
| 会話(かいわ)。ゆっくり話(はな)す。おもしろい話(はなし)。 | | | | |
| 以<br>い | | | | |
| 以外(いがい)。 | | | | |
| 帰<br>き<br>かえ・る | | | | |
| 家(いえ)に帰(かえ)る。 | | | | |
| 後<br>ご<br>うし・ろ/あと | | | | |
| 一年後(いちねんご)。先生(せんせい)の後(うし)ろ。授業(じゅぎょう)の後(あと)。 | | | | |

| 使<br>し<br>つか・う | | | | |
|---|---|---|---|---|
| 英語(えいご)を使(つか)う。使用(しよう)。 | | | | |

| 楽<br>がく<br>たの・しい | | | | |
|---|---|---|---|---|
| 音楽(おんがく)。勉強(べんきょう)は楽(たの)しい。 | | | | |

| 飯<br>はん<br>めし | | | | |
|---|---|---|---|---|
| ばんご飯(はん)。 | | | | |

| 映<br>えい<br>うつ・る | | | | |
|---|---|---|---|---|
| 映画(えいが)。 | | | | |

| 画<br>が/がく | | | | |
|---|---|---|---|---|
| 計画(けいかく)。映画(えいが)。 | | | | |

| 教<br>きょう<br>おし・える | | | | |
|---|---|---|---|---|
| 教室(きょうしつ)。中国語(ちゅうごくご)を教(おし)える。 | | | | |

# 目上の人はどう呼ぶ？

初めて会った人に「年はおいくつですか」と**聞かれます**。 あなたは、どんな気分になりますか。たぶん、韓国人なら、平気**でしょう**が、日本人なら、気分を悪くするでしょう。

韓国では、自分より目上の人**か**目下の人**か**を知ることがとても大事です。なぜなら、それによって、**呼び方**や話し方が変わるからです。

たとえば、目上の人を呼ぶとき、女性なら「オンニ」、男性なら「オパ」と呼ぶ**ことがあります**。 「オンニ」や「オパ」は、日本語で言う**と**、「お姉さん」と「お兄さん」になりますが、日本では、家族や親せき以外は、この呼び方は使いません。でも、韓国では自分より目上の人なら、誰にでも使うことができます。 そして、この言葉には「早く親しくなりたい」という気持ちが込められています。 韓国人がこの言葉をとてもよく使うので、ある日本人が、「韓国人は本当に兄弟が多いなあ」と思ったという話もあります。

日本では、目上の人でもふつう名字に「さん」をつけて、「木村さん」と呼びます。「さん」の代わりに名前に「ちゃん」をつけて、「ひとみちゃん」

と呼ぶこともありますが、これは女の子や親しい女性にだけ使って、目上の人には使ってはいけません。また、友だちなら、名前で呼ぶことが多いです。

**일본 엿보기**

## *윗사람과 맞담배?*

일본에도 유교가 전래됐지만, 한국만큼 뿌리내리지는 않아서 예의범절이 한국만큼 엄격하지는 않습니다.

가령 윗사람과 있는 자리에서도 양해가 된다면 담배를 피워도 무방합니다. 또한 술을 마실 때에도 한국은 윗사람 앞에서는 고개를 돌리고 마시는 것이 기본적인 예의이지만, 일본은 그렇지 않습니다.

그렇다고 해서 윗사람 앞에서 막 행동해도 되는 것은 결코 아닙니다. 일본 역시 윗사람과 잘 지내려면 인사를 할 때나 말을 할 때 최대한 깍듯하게 해야 합니다. 한국에서는 비즈니스상의 이상적인 인사법은 45도 각도로 고개를 숙여야 한다고 하지만, 일본에서 가장 깍듯한 인사는 90도까지 하게 되는 경우도 있으니까요.

## 어휘주머니

年(とし)　나이
(お) いくつ　몇 살
たぶん　아마도
平気(へいき)だ　태연하다, 예사롭다
目上(めうえ) (の人(ひと))　손윗사람
目下(めした) (の人(ひと))　손아랫사람
呼(よ)ぶ　부르다
～か　～인지
男性(だんせい)　남성
女性(じょせい)　여성
なぜなら　왜냐하면
～によって　～에 의해서
～方(かた)　～방법
呼(よ)び方(かた)　호칭, 부르는 방법
話(はな)し方(かた)　말투, 말하는 방법
たとえば　예를 들면
～ことがある ～하는 경우가 있다
～で　<방법, 수단>～로
～と　～하면
親(しん)せき　친척
～にでも　～에게라도
親(した)しい　친하다
気持(きも)ち　마음, 기분
込(こ)める　담다
ある～　어떤～
～なあ　<감탄>～이구나
ふつう　보통
名字(みょうじ)　성
つける　붙이다
～の代(か)わりに　～대신에
女(おんな)の子(こ)　여자아이
～にだけ　～에게만
兄弟(きょうだい)　형제
ちゃん　여자아이 등을 친근하게 부르는 호칭.

* 한국과 일본의 재미난 호칭들에 대해 소개해주세요.

## 문형연습

### 1. ～（ら）れる　　<수동표현> ～ 당하다

①授業(じゅぎょう)が終(お)わって、わたしは先生(せんせい)に呼(よ)ばれた。

수업이 끝나고 나는 선생님에게 불려갔다.

②電車(でんしゃ)の中(なか)で、（わたし／すり／財布(さいふ)／ぬすむ）。

전철 안에서 나는 소매치기에게 지갑을 도둑맞았다.

________________________________________

③나는 숙제를 하지 않았기 때문에 선생님께 심하게 혼났다.

________________________________________

### 2. ～でしょう　　<추측표현> ～ 할 것이다

①木村(きむら)さんが国(くに)へ帰(かえ)ると、さびしくなるでしょうね。

기무라씨가 고국으로 돌아가면 쓸쓸해질 거예요.

②辞書(じしょ)で調(しら)べれば、（簡単(かんたん)だ／わかる）でしょう。

사전을 살펴보면 쉽게 알 것입니다.

________________________________________

③약을 먹으면 금방 나을 겁니다.

________________________________________

### 3. ～か～か　　～인지 ～인지

①テストは何時(なんじ)から始(はじ)まるか、教(おし)えてください。

시험은 몇 시부터 시작하는지 가르쳐 주세요.

②（財布(さいふ)／どこで／忘(わす)れる）か、わかりません。

지갑을 어디서 잃어버렸는지 모르겠습니다.

________________________________________

③이 전철이 몇 시에 도쿄에 가는지 알고 있습니까?

________________________________________

### 4. ～方　～(하는) 방법

①料理の作り方を教えてください。

요리 만드는 법을 가르쳐 주세요.

②（お箸／使う）方を知りませんか。

젓가락 사용법을 모릅니까?

______________________________

③이 게임을 하는 방법을 알고 싶습니다.

______________________________

### 5. ～ことがある　～ 한 경우가 있다

①ときどき、学校まで歩いて行くことがあります。

때때로 학교까지 걸어서 가는 경우가 있습니다.

②急に（遊びに行く／～たい／～くなる）ことがあります。

갑자기 놀러가고 싶어지는 경우가 있습니다.

______________________________

③바빠서 아침밥을 먹지 않는 경우가 있습니다.

______________________________

### 6. ～と　<조건표현> ～하면

①駅を出て、まっすぐ行くと、左側に美容院があります。

역을 나와서 똑바로 가면 왼편에 미용실이 있습니다.

②（天気／いい）と、ここからも富士山が見えます。

날씨가 좋으면 여기서도 후지산이 보입니다.

______________________________

③여기서는 전철로 가면 빠르고 편리해요.

______________________________

## 한자연습

| 漢字 | 音・訓 | 例 |
|---|---|---|
| 悪 | あく／お<br>わる・い | 気分(きぶん)が悪(わる)い。悪魔(あくま)。嫌悪(けんお)。 |
| 方 | ほう<br>かた | 書(か)き方(かた)。方向(ほうこう)。 |
| 知 | ち<br>し・る | 知(し)る。知識(ちしき)。 |
| 族 | ぞく | 家族(かぞく)。 |
| 姉 | し<br>あね | 姉(あね)。姉妹(しまい)。 cf. お姉(ねえ)さん。 |
| 兄 | きょう<br>あに | 兄(あに)。兄弟(きょうだい)。 cf. お兄(にい)さん。 |

| 早<br>そう／さっ<br>はや・い | | | | |
|---|---|---|---|---|
| 早(はや)く帰(かえ)る。 | | | | |

| 字<br>じ | | | | |
|---|---|---|---|---|
| 漢字(かんじ)。字(じ)を書(か)く。 | | | | |

| 呼<br>こう<br>よ・ぶ | | | | |
|---|---|---|---|---|
| 名前(なまえ)を呼(よ)ぶ。 | | | | |

| 性<br>せい | | | | |
|---|---|---|---|---|
| 女性(じょせい)。 | | | | |

| 変<br>へん<br>か・わる | | | | |
|---|---|---|---|---|
| 変化(へんか)。話(はな)し方(かた)が変(か)わる。 | | | | |

| 名<br>みょう<br>な | | | | |
|---|---|---|---|---|
| 名前(なまえ)。名字(みょうじ)。 | | | | |

# 部活動

今日は、吹奏部の練習がいつもより長くなって、家に帰ったときは、夜の11時を過ぎ***てしまった***。もうすぐ都大会なので、みんなでがんばっている***んだ***。

わたしは吹奏部でオーボエを吹いている。とくに、興味がある***とか***、オーボエが上手だからじゃない。ただ、かっこいい先輩がたくさんいたから入ったんだ。とくに、部長の木村先輩はとてもすてきだ。入部したときから、ずっと好きだった。まだ気持ちは伝えていないけど。今は、こうやって近くで見つめられる***だけで***幸せなんだ。

日本の高校生は、放課後、大体はクラブ活動をしている。

クラブは大きく「体育系」と「文化系」に分かれている。

「体育系」は、野球やサッカー、バスケットボール、バレーボール、剣道などスポーツをするクラブで、「文化系」は、吹奏や演劇、写真、文芸などスポーツ以外のクラブだ。　このようなクラブの中には、地域大会や全国大会に向けて、夜遅くまで練習するクラブもある。私の入っている吹奏部もその一つだ。

もちろん、部活動をしていない生徒もいる。おもしろいのは、彼らにもクラブ名がつけられていて、「帰宅部」または「お宅部」と呼ばれている。

ところで、こんな部活動も3年生の夏休みまで**しか**でき**ない**。その後は、受験勉強をするか、就職活動をするかだ。つまり、今度の都大会を最後に木村先輩とは別れなければならないんだ。悲しいよ～。だから、できれば、いい思い出をたくさん作りたいと思っている。その**ために**も、今度の都大会でかならず優勝したい。

### 일본 엿보기

## マニア・オタク

マニア(매니아)라고 하면 말 그대로 어떤 일이나 취미에 열중하는 사람을 가리킵니다.

オタク(오타쿠)는 매니아보다 집착과 심취의 정도가 심한 사람들로서 이들의 주된 관심사는 만화, 애니메이션, 게임 등이며 주된 활동무대는 아키하바라(秋葉原)이기 때문에 アキバ系 라고 불리기도 합니다.

원래 상대방이나 상대방의 집안을 높여서 부르는 お宅 라는 말에서 나왔는데, 어떤 특정분야에 깊이 심취한 사람들이 모여 동호회활동도 하면서 서로를 존중하며 부르던 것이 그들을 가리키는 호칭으로 정착되었다고 합니다.

### 어휘주머니

吹奏部(すいそうぶ)　관악부

～てしまう　～해 버리다

都大会(とたいかい)　도 대회

吹(ふ)く　불다

先輩(せんぱい)　선배

伝(つた)える　전하다

活動(かつどう)　활동

～系(けい)　～계

サッカー　축구

バスケットボール　농구

演劇(えんげき)　연극

文芸(ぶんげい)　문예

地域(ちいき)　지역

生徒(せいと)　학생(중/고등부)

帰宅(きたく)　귀가

～を最後(さいご)に　～을 마지막으로

ところで　한편(화제 전환시)

悲(かな)しい　슬프다

かならず　반드시

過(す)ぎる　지나다

もうすぐ　이제 곧

オーボエ　오보에

部長(ぶちょう)　부장

入部(にゅうぶ)　입부

放課後(ほうかご)　방과 후

体育(たいいく)　체육

野球(やきゅう)　야구

剣道(けんどう)　검도

バレーボール　배구

写真(しゃしん)　사진

～の中(なか)には　～중에는

全国(ぜんこく)　전국

～名(めい)　～명(명칭)

夏休(なつやす)み　여름방학

別(わか)れる　헤어지다

～しか～ない　～밖에 ～없다

思(おも)い出(で)　추억

優勝(ゆうしょう)　우승

* 한국의 방과 후 활동에 대해 소개해 주세요.

## 문형연습

### 1. ~てしまう　<강조> ~해 버리다, ~하고 말다

①先月からフィットネスクラブに通っているのに、また3キロ増えてしまった。

지난달부터 헬스클럽에 다니고 있는데 또 3킬로가 늘고 말았다.

②（今日／朝寝坊する）てしまって、朝ごはんを食べられなかった。

오늘 늦잠 자고 말아서 아침밥을 먹을 수 없었다.

______________________________

③일기예보를 듣지 않아서 비를 맞고 말았다.

______________________________

### 2. ~んだ　<강조> ~ 해요, ~이에요, ~ 라고요.

①わたしは「中田」じゃなくて、「田中」なんです。

저는 '나카다'가 아니고 '다나카'이에요.

②最近は、会社が忙しくて、（あまり／学校／行く）んです。

최근에는 회사가 바빠서 별로 학교에 가지 못한 답니다.

______________________________

③내일은 토요일인데 회사에 가나요?

______________________________

### 3. ~とか　~라든가

①デパートに行って、シャツとか、くつ下とか、いろいろ買いました。

백화점에 가서 셔츠라든지 양말이라든지 여러 가지를 샀습니다.

②血液型で、（人の性格／いい／わるい／とか）、よく言われますね。

혈액형으로 사람의 성격이 좋다든지 나쁘다든지 자주 말하지요.

______________________________

③책상 위에 책이라든지 잡지라든지가 잔뜩 놓여 있습니다.

______________________________

**4．～だけで　　～ 뿐이고, ～ 만으로,**

①彼女は人の話を聞くだけで、自分のことはほとんど話さない。

그녀는 남의 말을 들을 뿐이고 자신의 일은 거의 말하지 않는다.

②彼とは（同じ／クラスメート／だけで）、あまり親しくありませんでした。

그와는 같은 학급 친구였을 뿐이고 별로 친하지 않았습니다.

③여름방학은 생각하는 것만으로 기분이 좋아 집니다.

**5．～しか～ない　　～ 밖에 ～ 않다**

①今、お金が千円しかありません。

지금 돈이 천엔밖에 없습니다.

②わたしは、まだ（簡単だ／日本語／しか／話す）。

저는 아직 쉬운 일본어밖에 말할 수 없습니다.

③교실에는 아직 학생이 세 사람밖에 와 있지 않습니다.

**6．～ため（に）　　<목적> ～ 위하여**

①子どもの教育のために、バイトまでする母親がいます。

아이의 교육을 위해 아르바이트까지 하는 어머니가 있습니다.

②しょうらい、（マイホーム／買う／ために）、貯蓄しています。

훗날 내 집을 사기 위해 저축하고 있습니다.

③좋은 회사에 들어가기 위해서 노력하고 있습니다.

## 한자연습

| 長<br>ちょう<br>なが・い | | | | |
|---|---|---|---|---|
| 部長(ぶちょう)。長(なが)い。 | | | | |

| 近<br>きん<br>ちか・い | | | | |
|---|---|---|---|---|
| 近(ちか)く。近所(きんじょ)。 | | | | |

| 体<br>たい<br>からだ | | | | |
|---|---|---|---|---|
| 体(からだ)。体育(たいいく)。 | | | | |

| 野<br>や<br>の | | | | |
|---|---|---|---|---|
| 野球(やきゅう)。野菜(やさい)。 | | | | |

| 道<br>どう<br>みち | | | | |
|---|---|---|---|---|
| 剣道(けんどう)。水道(すいどう)。道(みち)を歩(ある)く。 | | | | |

| 写<br>しゃ<br>うつ・す | | | | |
|---|---|---|---|---|
| 写真(しゃしん)。写(うつ)す。 | | | | |

| 真<br>しん<br>ま | | | | |
|---|---|---|---|---|
| 写真家(しゃしんか)。真夏(まなつ)。 | | | | |
| 地<br>ち／じ | | | | |
| 地域(ちいき)。地震(じしん)。 | | | | |
| 夏<br>か<br>なつ | | | | |
| 夏休(なつやす)み。 | | | | |
| 験<br>けん | | | | |
| 試験(しけん)。 | | | | |
| 部<br>ぶ | | | | |
| 部活動(ぶかつどう)。cf. 部屋(へや)。 | | | | |
| 動<br>どう<br>うご・く | | | | |
| 活動(かつどう)。車(くるま)が動(うご)く。 | | | | |

# 風呂の入り方

今日、友だちのゆみ子から夕食に招待された。ゆみ子の家は、都会から少し遠い田舎にあったため、1時間半くらい電車に乗って行かなければならなかった。夕方だったけど、真夏なので、彼女の家に着いたときは、下着まで汗でぬれてしまった。

ゆみ子とお母さんは、夕食の支度をする間、お風呂に入ることを勧めた。最初は断ったが、何度も勧められたし、また、汗をたくさんかいて気持ち悪かったので、お風呂に入ることにした。

湯かげんはちょうどよかった。　あたたかいお湯につかっている**と**、リラックスできて気持ちがよかった。お風呂から上がって、湯船の水を抜いて、掃除してから風呂場を出た。

そこまではよかったが、会社から帰ってきたゆみ子のお父さんがお風呂に入ると、すぐ出てきて***怒り出した***。お母さんとゆみ子は困った***ようだ***った。でも、心配***そうな***わたしの顔を見ると、すぐ笑顔に変わった。

夕食は、肉じゃがやつけ物、みそ汁など日本の家庭料理で、とてもおいしかった。

家に帰って、ルームメートのナツミと話して、やっとお父さんが怒った理由がわかった。ナツミの話は、日本は、風呂の入り方が韓国とは違う**らしい**。一度使ったお湯は捨てないで、そのまま続けて入るのがふつうらしい。ふつうはお父さんが一番最初に入るが、今日はお客だったわたしをもてなすために、先に勧めたのだった。

今度会ったとき、ちゃんとお礼とお詫びをしたい。

**일본 엿보기**

## *トイレは　どこ？*

일본의 일반가정을 방문했을 때 신기한 것 중의 하나가 바로 화장실과 욕실이 분리되어 있다는 점입니다. 아무리 협소한 집이라 하더라도 보통은 이렇게 분리가 되어 있습니다.

또한 목욕습관도 한국과는 많이 다릅니다. 한국처럼 욕조 안에서 몸을 씻거나 해서는 안 됩니다. 욕조는 말 그대로 몸을 담가 따뜻하게 하는 역할을 할 뿐이고, 몸을 씻는 것은 욕조 밖에 나와서 해야 합니다. 왜냐하면 한번 욕조에 받은 물은 집안의 가장부터 순서대로 온 가족이 다 몸을 담가야 하기 때문입니다.

참고로 일본의 목욕문화는 헤이안시대 말기 공사에 동원된 인부들을 위한 공중목욕탕이 기원이 되었고 에도시대에 공중목욕탕이 성행하다가 현재의 일반가정의 목욕탕으로 발전되었다고 합니다.

### 어휘주머니

夕食(ゆうしょく)　저녁식사

都会(とかい)　도시

～くらい　～정도

真夏(まなつ)　한여름

ぬれる　젖다

お風呂(ふろ)に入(はい)る　목욕하다

断(ことわ)る　거절하다

(お)湯(ゆ)　목욕물, 뜨거운 물

ちょうど　꼭, 정확히

つかる　담그다

お風呂(ふろ)から上(あ)がる　목욕을 마치다

抜(ぬ)く　빼다

怒(おこ)り出(だ)す　화내다

笑顔(えがお)　웃는 얼굴

理由(りゆう)　이유

捨(す)てる　버리다

～のまま　～대로

普通(ふつう)だ　보통이다

お礼(れい)　인사

招待(しょうたい)する　초대하다

田舎(いなか)　시골

夕方(ゆうがた)　해질녘

下着(したぎ)　속옷

支度(したく)　준비

勧(すす)める　권하다

汗(あせ)をかく　땀을 흘리다

加減(かげん)　알맞은 정도, 상태

暖(あたた)かい　따뜻하다

リラックスする　편히 쉬다

湯船(ゆぶね)　욕조

風呂場(ふろば)　욕실

困(こま)る　곤란하다

家庭(かてい)　가정

入(はい)り方(かた)　들어가는 방법

～ないで　～않고

続(つづ)ける　계속하다

もてなす　대접하다

お詫(わ)び　사과

* 문화차이로 인한 에피소드가 있다면 소개해주세요.

## 문형연습

### 1. ～と　<결과> ～하자, ～했더니

①今朝、外に出ると、雪が降っていました。

오늘 아침 밖에 나갔더니 눈이 오고 있었습니다.

②（いっしょうけんめい／勉強する／と）、日本語がとても上手になりました。

열심히 공부했더니, 일본어를 아주 잘하게 되었습니다.

③집에 돌아가자, 부모님이 와 있었습니다.

### 2. ～出す　～해내다 / ～하기 시작하다

①何かいいアイディアを早く考え出してください。

뭔가 좋은 아이디어를 빨리 생각해내 주세요.

②会社から出て、タクシーに乗ろうとしたとき、（急に／雨／降る）。

회사에서 나와서 택시를 타려고 했을 때 갑자기 비가 오기 시작했다.

③시험이 끝나자 학생들은 떠들기 시작했다.

### 3. ～ようだ　<추측> ～ 일 것 같다, ～인 것 같다

①どうやら、梅雨が明けたようですね。

아무래도 장마가 그친 것 같네요.

②（お酒／好きだ／ようだ）。もう一杯どうぞ。

술을 좋아하는 것 같네요. 한 잔 더 드세요.

③그 영화는 재미있는 것 같아요.

### 4. ～そうだ　　<추측> ～ 일 것 같다, ～인 것 같다

①うちの子(こ)は、はずかしそうな顔(かお)をしています。

우리 애는 부끄러운 것 같은 얼굴을 하고 있습니다.

②（ガソリン／なくなる／そうだ）。ガソリンスタンドを探(さが)してください。

휘발유가 없어질 것 같아요. 주유소를 찾아주세요.

③기무라씨라면 아까 봤는데, 바쁜 것 같았습니다.

### 5. ～らしい　　<추측> ～ 일 것 같다, ～인 것 같다

①明日(あした)は雨(あめ)が降(ふ)るらしいから、傘(かさ)を忘(わす)れないでくださいね。

내일은 비가 올 것 같으니까 우산을 잊지 마세요.

②佐藤(さとう)さんは、おととい、（アメリカ／帰(かえ)る）らしいですよ。

사토씨는 재작년에 미국에 돌아간 것 같아요.

③새로운 전학생이 우리 반에 들어올 것 같아.

### 6. ～まま　　～한 채

①彼(かれ)は、昼間(ひるま)に出(で)かけたまま、まだ戻(もど)ってきません。

그는 점심 무렵에 외출한 채 아직 돌아오지 않았습니다.

②うっかりして、（パジャマ／まま）、ドアを開(あ)けてしまいました。

멍하게 있다가 잠옷인 채 문을 열고 말았습니다.

③피곤했기 때문에 목욕탕에 들어간 채 잠들어버렸습니다.

## 한자연습

**待**

たい
ま・つ

招待(しょうたい)。友(とも)だちを待(ま)つ。

**遠**

えん
とお・い

少(すこ)し遠(とお)い。遠足(えんそく)。

**乗**

じょう
の・る

近(ちか)く。近所(きんじょ)。

**夕**

ゆう

夕飯(ゆうはん)。夕方(ゆうがた)。

**着**

ちゃく
き・る / つ・く

試着(しちゃく)。下着(したぎ)を着(き)る。電車(でんしゃ)が着(つ)く。

**度**

ど / たく
たび

今度(こんど)。何度(なんど)。夕食(ゆうしょく)の支度(したく)。

|  | | | | |
|---|---|---|---|---|
| 顔<br>がん<br>かお | | | | |
| きれいな顔(かお)。 | | | | |
| 肉<br>にく | | | | |
| 肉(にく)を食(た)べる。 | | | | |
| 物<br>ぶつ / もつ<br>もの | | | | |
| 果物(くだもの)。動物(どうぶつ)。荷物(にもつ)。 | | | | |
| 庭<br>てい<br>にわ | | | | |
| 家庭(かてい)。庭(にわ)がある。 | | | | |
| 料<br>りょう | | | | |
| 料理(りょうり)を作(つく)る。 | | | | |
| 理<br>り | | | | |
| 料理(りょうり)を食(た)べる。理由(りゆう)。 | | | | |

# 食事のマナー

今日、二人の日本人の友だちが留学生会館に遊びに来た。

私はトッポッキと韓国ののり巻きを作ることにした。久しぶりに作る料理だったが、できあがった**の**を見ると、けっこうおいしそうだった。　私はそれを大きなお皿に盛って、小さなお皿とわりばしを三つずつ用意した。二人が「おいしそう！」とさけんだので、私はうれしくなった。

私たちは「いただきます」と言って、トッポッキを食べ***はじめた***。

日本では、食事の前に、両手を合わせて「いただきます」とあいさつをする。誰に向かって言っているのか知りたくて二人に聞くと、「特に決まった人はいないよ。農夫さんと神様と料理を作った人に『ありがとうございます』とあいさつしているんだ。」と答えた。それから、二人は、今度は自分のわりばしを反対側にしてトッポッキを取った。えっ？これはまたどういう**こと**？日本人は、自分の口に入れたはしを、みんなで食べる料理に入れるのは、失礼だと思っているらしい。だから、そういうときは、料理を取るはしを別に用意し***ておかなければならない***。　私がそのはしを用意しなかったため、二人は自分のはしを反対側にしてトッポッキを取ったのだ。けっこう気を使って用意したと思ったが、それでもちょっと足りなかったようだ。でも、料理の味の方はよかったようで、「からい、からい」と言いながらも残さず食べた。

　食事の後、私たちはお茶を飲みながらおしゃべりをした。そのとき、となりのテーブルに座っていたほかの韓国人の留学生が、私たちに話しかけた。「日本人はおわんを手に持って食べるんですよね。私、それがどうも気になって。韓国ではそうやって食べると、親に『おまえ、こじきなのか。』としかられるんですよ。」

　すると、一人が「おもしろいですね。日本ではおわんをテーブルに置いたまま食べるのは犬の食べ方のようで、**いやがる**んですよ。」と答えた。

　私は、この短い会話を聞きながら、「文化はどちらがすばらしいかを決める**もの**じゃない。一つ一つの文化が意味を持っている。また、自分の文化と違うから、ほかの文化を笑ってもいけない。」ということを教えられた。

**일본 엿보기**

## 젓가락 쓸 때 이것만은 제발...

우선 迷い箸(마요이바시). 음식 가까이에 젓가락을 가져가서는 어떤 음식을 집을까 고민하는 것이죠.

두 번째로 刺し箸(사시바시). 젓가락으로 음식을 쿡 찔러 먹는 경우지요.

세 번째로 涙箸(나미다바시). 음식을 간장 등에 찍어먹을 때 뚝뚝 흘리면서 가져오는 경우지요.

## 어휘주머니

| | |
|---|---|
| 会館(かいかん) 회관 | のり巻(ま)き 김밥 |
| 久(ひさ)しぶり 오래간만 | できあがる 완성되다 |
| けっこう 꽤, 상당히 | お皿(さら) 접시 |
| 盛(も)る 담다 | 用意(ようい)する 준비하다 |
| 叫(さけ)ぶ 소리치다, 외치다 | 両手(りょうて) 양손 |
| 合(あ)わせる 맞추다 | 決(き)める 결정하다 |
| 決(き)まる 정해지다 | 農夫(のうふ) 농부 |
| 神様(かみさま) 하나님 | 反対側(はんたいがわ) 반대편 |
| 取(と)る 집다 | 入(い)れる 넣다 |
| 失礼(しつれい) 실례 | はし 젓가락 |
| 別(べつ)に 별도로 | ～ておく ～해두다 |
| 足(た)りる 충분하다 | 味(あじ) 맛 |
| からい 맵다 | お茶(ちゃ) 차 |
| 残(のこ)す 남기다 | 食堂(しょくどう) 식당 |
| 座(すわ)る 앉다 | おわん 밥그릇 |
| どうも 아무래도 | ～たまま ～한 채 |
| 気(き)になる 신경 쓰이다 | 犬(いぬ) 개 |
| そうやって 그렇게(해서) | おまえ 너 |
| こじき 거지 | しかる 혼내다 |
| いやがる 싫어하다 | |

* 문화차이로 인한 재미난 에피소드가 있다면 소개해주세요.

## 문형연습

### 1. こと 추상적인 동작이나 사건, 사실, 취미

①わたしの趣味は、音楽を聞くことです。

내 취미는 음악을 듣는 것입니다.

②田中さんが、先月、（アメリカ／帰る／こと）を聞きましたか。

다나카씨가 지난 달 미국에 돌아간 것(사실)을 들었습니까?

③기무라씨가 매일 도서관에서 공부하고 있는 것을 알고 있습니까?

### 2. もの 구체적인 사물이나 물건

①デパートではどんなものを買いましたか。

백화점에서는 어떤 것(물건)을 샀습니까?

②（何か／気に入る／もの）ありませんか。

뭔가 마음에 든 물건은 없습니까?

③한국음식은 매운 것이 많지요?

### 3. の 주로 오감을 다룰 때 / 구체적일 때

①誰かがピアノをひいているのが聞こえます。

누군가가 피아노를 치고 있는 것(소리)이 들립니다.

②わたしは（音楽／聞く／の）好きです。

나는 음악을 듣는 것이 좋습니다.

③기무라씨가 매일 도서관에서 공부하고 있는 것을 보았습니다.

### 4. ～ておく　~해두다, ~해놓다

①明日(あした)の会議(かいぎ)のじゅんびは全部(ぜんぶ)しておきました。

내일 회의 준비는 전부 해 두었습니다.

②みんなが集(あつ)まっているときに、（写真(しゃしん)／撮(と)る／おく）ましょう。

모두가 모여 있을 때에 사진을 찍어둡시다.

③손님이 오니까, 방 청소를 해 놔요.

### 5. ～がる (개인적인 습성, 경향) / ～がっている (현재의 감정)

①子(こ)どもは大(おお)きくなると、自分(じぶん)の部屋(へや)をほしがります。

아이는 성장하면 자신의 방을 갖고 싶어 합니다.

②ヒーターを入(い)れなかったので、（学生(がくせい)たち／とても／さむい／がる）。

히터를 켜지 않았기 때문에 학생들은 매우 추워하고 있습니다.

③그녀는 항상 내 것을 갖고 싶어 합니다.

### 6. ～はじめる　~하기 시작하다

①今日(きょう)は午後(ごご)から、雨(あめ)が降(ふ)りはじめました。

오늘은 오후부터 비가 내리기 시작했습니다.

②買(か)い物(もの)から帰(かえ)った母(はは)は、（夕食(ゆうしょく)／作(つく)る／～はじめる）。

시장에서 돌아온 엄마는 저녁식사를 만들기 시작했습니다.

③그는 노래를 부르면서 춤을 추기 시작했습니다.

## 한자연습

| 館<br>かん | | | | |
|---|---|---|---|---|
| 会館(かいかん)。図書館(としょかん)。 | | | | |

| 用<br>よう<br>もち・いる | | | | |
|---|---|---|---|---|
| 用意(ようい)。用事(ようじ)。 | | | | |

| 意<br>い | | | | |
|---|---|---|---|---|
| 意味(いみ)。意見(いけん)。 | | | | |

| 特<br>とく | | | | |
|---|---|---|---|---|
| 特(とく)に。特別(とくべつ)な人(ひと)。 | | | | |

| 事<br>じ<br>こと | | | | |
|---|---|---|---|---|
| 仕事(しごと)。食事(しょくじ)。 | | | | |

| 合<br>ごう<br>あ・う / あい | | | | |
|---|---|---|---|---|
| 手(て)を合(あ)わせる。試合(しあい)。 | | | | |

| 短 |  |  |  |  |
|---|---|---|---|---|
| たん<br>みじか・い |  |  |  |  |
| 短(みじか)い会話(かいわ)。短所(たんしょ)。 |  |  |  |  |

| 答 |  |  |  |  |
|---|---|---|---|---|
| とう<br>こた・える |  |  |  |  |
| 答(こた)えてください。 |  |  |  |  |

| 足 |  |  |  |  |
|---|---|---|---|---|
| そく<br>あし／たり・る |  |  |  |  |
| 足(あし)がいたい。遠足(えんそく)。お金(かね)が足(た)りない。 |  |  |  |  |

| 飲 |  |  |  |  |
|---|---|---|---|---|
| いん<br>の・む |  |  |  |  |
| お茶(ちゃ)を飲(の)む。 |  |  |  |  |

| 茶 |  |  |  |  |
|---|---|---|---|---|
| ちゃ／さ |  |  |  |  |
| お茶(ちゃ)を入(い)れる。茶道(さどう)。 |  |  |  |  |

| 堂 |  |  |  |  |
|---|---|---|---|---|
| どう |  |  |  |  |
| 食堂(しょくどう)。 |  |  |  |  |

# ハガキの書き方①

先生

お元気ですか。私はあいかわらず元気です。

日本の大学では、日本の歴史や文学の勉強をしています。

日本語クラスにも毎日出ています。夜はコンビニでアルバイトもしています。

来週から新しいルームメートが来る**ことになっています**。

サンフランシスコ出身だ**そうです**。それで、部屋を片付けてい**たら**、

大学時代、先生とキャンパスで撮った写真があったので、なつかしくなってハガキを出し**てみました**。

大学の授業などでいそがしい毎日を送っているでしょうが、もし時間があれば、ぜひこちらに遊びに来てください。

では、また。お元気で。

キム

# ハガキの書き方②

お父さん、お母さん、お元気ですか。

今、東京の新宿にあるホテルにいます。

きのう、こちらに着い***たばかり***ですが、もう新宿のあちらこちらを回りました。

天気のいい日は、東京都庁の展望台から、遠くの富士山が見えると聞いたので、楽しみにしていたんですが、ざんねんながら曇りで見えませんでした。

あしたは、天皇の住む皇居に行くことになっています。

そのあと、銀座で日本のでんとう劇の一つの歌舞伎を少しかんしょうすることにしました。とても楽しみです。

では、また、手紙を書きます。

アヨン

## 어휘주머니

| | |
|---|---|
| あいかわらず | 여전히 |
| コンビニ | 편의점 |
| キャンパス | 캠퍼스 |
| 送る(おく) | 보내다 |
| 回る(まわ) | 돌다 |
| 都庁(とちょう) | 도청 |
| 楽しみ(たの) | 재미, 기대 |
| 曇り(くも) | 흐림 |
| 皇居(こうきょ) | 황궁 |
| 劇(げき) | 극 |
| いかが（どう） | 어떻게, 어떤 |
| こわい | 무섭다 |
| 歴史(れきし) | 역사 |
| 片付ける(かたづ) | 정리하다 |
| なつかしい | 그립다 |
| ぜひ | 부디, 꼭 |
| あちらこちら | 이쪽저쪽 |
| 展望台(てんぼうだい) | 전망대 |
| 残念だ(ざんねん) | 안타깝다 |
| 天皇(てんのう) | 천왕 |
| 伝統(でんとう) | 전통 |
| 鑑賞(かんしょう) | 감상 |
| 世話(せわ) | 신세 |
| だんだん | 점차 |

* 본문을 읽고 엽서를 만들어 보세요.

## 문형연습

### 1. ~ことになる　~하기로 되다

①あしたの夜(よる)6時(じ)に空港(くうこう)で会(あ)うことになっています。

내일 밤 6시에 공항에서 만나기로 되어 있습니다.

②大学(だいがく)を卒業(そつぎょう)したら、（日本(にほん)の会社(かいしゃ)／働(はたら)く／ことになる）。

대학을 졸업하면 일본회사에서 일하기로 되어 있습니다.

③주말은 가족끼리 하이킹가기로 되어 있습니다.

### 2. ~たら　<조건>~ 하면 / <결과> ~ 했더니

①仕事(しごと)が終(お)わったら、一杯(いっぱい)どうですか。

일이 끝나면 한 잔 어떠세요?

②（ご飯(はん)／食(た)べる／たら）、元気(げんき)が出(で)ました。

밥을 먹었더니 힘이 났습니다.

③뭔가 모르겠으면 언제든지 질문하세요.

### 3. ~そうだ　<전문> ~라고 한다

①木村(きむら)さんは一ヶ月前(いっかげつまえ)にアメリカで結婚(けっこん)したそうですよ。

기무라씨는 한 달 전에 미국에서 결혼했다고 합니다.

②あのアイドルのコンサートは、（とても／いい／そうだ）。

그 아이돌의 콘서트는 아주 좋았다고 합니다.

③옛날에는 그도 탤런트처럼 핸섬했다고 합니다.

### 4. ～てみる　～해보다

①この服を着てみてもいいですか。

이 옷을 입어 봐도 됩니까?

②あなたも（試験／うける／みる／たら）、どうですか。

당신도 시험을 쳐보면 어떻습니까?

---

③제가 먼저 먹어봐도 되겠습니까?

---

### 5. ～たばかりだ　막 ～ 한 상태다, ~한 지 얼마 안 됐다

①先ほど昼ごはんを食べたばかりなので、まだお腹がすいていません。

좀 전에 점심을 막 먹은 상태여서 아직 배가 고프지 않습니다.

②このケイタイは、（買う／ばかりだ／のに）、もう壊れてしまったよ。

이 휴대폰은 산 지 얼마 안 됐는데 벌써 망가졌어.

---

③일본에 온 지 얼마 안 됐기 때문에 아직 일본어가 서투릅니다.

---

## 한자연습

**送**

そう
おく・る

毎日(まいにち)を送(おく)る。放送(ほうそう)。

**宿**

しゅく
やど

宿題(しゅくだい)。

**回**

かい
まわ・る

回(まわ)る。一回(いっかい)。

**台**

だい／たい

一台(いちだい)。台風(たいふう)。

**紙**

し
かみ

手紙(てがみ)。用紙(ようし)。

**世**

せ／せい
よ

世話(せわ)。世界(せかい)。

| 歴<br>れき | | | | |
|---|---|---|---|---|
| 歴史(れきし)。病歴(びょうれき)。 | | | | |

| 史<br>し | | | | |
|---|---|---|---|---|
| 歴史(れきし)。 | | | | |

| 身<br>しん<br>み | | | | |
|---|---|---|---|---|
| 自分自身(じぶんじしん)。 | | | | |

| 夜<br>よ / や<br>よる | | | | |
|---|---|---|---|---|
| 夜遅(よるおそ)くまで働(はたら)く。夜中(よなか)。今夜(こんや)。 | | | | |

| 代<br>だい | | | | |
|---|---|---|---|---|
| 大学時代(だいがくじだい)。 | | | | |

| 都<br>と<br>みやこ | | | | |
|---|---|---|---|---|
| 都会(とかい)。都庁(とちょう)。 | | | | |

# 手紙の書き方

その後、いかが**お過ごし**ですか。

日本では、本当に**お世話になりました**。みなさまのおかげで、楽しい毎日を過ごすことができました。最初は、日本語がぜんぜんできなくて、こわかったのですが、毎日、お母さんが日本語を教え**てくださって**、日本語がだんだん上手になりました。それから、お父さんには電車の乗り方を教え**ていただいた**ので、一人で電車に乗れるようになりました。

また、みんなで遊びに行ったディズニーランドもとても楽しかったです。本当にいい思い出をたくさんいただいて、どうもありがとうございました。つまらないものですが、お礼に、韓国のキムチとのりを**さしあげます**。

韓国にもぜひ遊びにきてください。また**お会いする**のを楽しみにしています。

さようなら

○年○月○日

キム・アヨン

## おぼえましょう！

| | 존경어 | 겸양어 |
|---|---|---|
| 行く | いらっしゃる | まいる |
| 来る | いらっしゃる | まいる |
| いる | いらっしゃる | おる |
| 言う | おっしゃる | 申し上げる、申す |
| する | なさる | いたす |
| 食べる<br>飲む | 召し上がる | いただく |
| 見る | ご覧になる | 拝見する |
| 知る<br>思う | ご存じだ | 存じ上げる、存じる |
| 会う | | お目にかかる |
| 寝る | お休みになる | |
| 借りる | | 拝借する |
| 聞く<br>質問する<br>訪問する | | うかがう |
| あげる | | さしあげる |
| もらう | | いただく |
| くれる | くださる | |
| ～です | ～でいらっしゃいます | ～でございます |
| あります | | ございます |
| ～ています | ～ていらっしゃいます | ～ております |

### 어휘주머니

| | |
|---|---|
| いかが | 어떻게, 어떤, どう 의 존경어 |
| お過ごし | 지내심 |
| お世話 | 신세 |
| みなさま | 여러분 |
| おかげで | 덕분에 |
| こわい | 무섭다 |
| くださる | 주시다, くれる 의 존경어 |
| だんだん | 점차 |
| 乗り方 | 타는 방법 |
| いただく | 받다, もらう 의 겸양어 |
| つまらないもの | 보잘 것 없는 물건 |
| お礼に | 답례로, 보답으로 |
| のり | 김 |
| さしあげる | 드리다, あげる 의 겸양어 |
| ご案内する | 안내 드리다, 案内する 의 겸양어. |
| お会いする | 만나 뵙다, 会う 의 겸양어 |

* 본문을 읽고 안부편지를 써 보세요.

## 문형연습

**1.　お（ご）N　<명사의 경어표현>**

①お電話(でんわ)、かわりました。木村(きむら)ですが。

전화 바꿨습니다. 기무라입니다만.

②（木村(きむら)さん／ご／家族(かぞく)）は何人家族(なんにんかぞく)ですか。

기무라씨의 가족은 몇 명이에요?

______________________________

③테이블 위에 꽃과 젓가락이 있습니다.

______________________________

**2.　お Vます になります（＝なさいます）　<존경어> ~ 하십니다**
**ご する뺀 명사 になります（＝なさいます）**

①先生(せんせい)はいつ研究室(けんきゅうしつ)にお帰(かえ)りになりますか。 선생님은 언제 연구실에 돌아오세요?

②新車(しんしゃ)のことは、社長(しゃちょう)が（説明(せつめい)する）。

신차의 일은 사장님이 설명하시겠습니다.

______________________________

③이 책은 벌써 읽으셨나요?

______________________________

**3.　お Vます します（＜いたします）　<겸양어> ~ 해드립니다**
**ご する뺀 명사 します（＜いたします）**

①私(わたし)がかばんをお持(も)ちします。　제가 가방을 들어드리겠습니다.

②私(わたし)の家族(かぞく)を（紹介(しょうかい)する）。　제 가족을 소개해드리겠습니다.

______________________________

③제가 방까지 안내해 드리겠습니다.

______________________________

### 4. (て) くださる (해)주시다, くれる 의 존경어

①わからない問題を教えてくださいますか。

모르는 문제를 가르쳐주시겠습니까?

② (みなさん／手伝う／くれる) 、予定より早く終わりました　。

여러분이 도와주셔서 예정보다 빨리 끝났습니다.

________________________________________

③맛있는 음식을 만들어주셔서 고맙습니다.

________________________________________

### 5. (て) いただく (해)받다, もらう 의 겸양어

①楽しい思い出をたくさん作っていただきました。

즐거운 추억을 많이 만들어주셨습니다(←만들어 받았습니다).

②こんなすばらしいものを (もらう／ても／いい) 。

이런 훌륭한 물건을 받아도 되겠습니까?

________________________________________

③여기서는 담배를 피우지 말아주시겠습니까?

________________________________________

### 6. (て) さしあげる (해)드리다, あげる 의 겸양어

①この辞書をあなたにさしあげます。

이 사전은 당신에게 드리겠습니다.

②よろしかったら、奥さんに (お花／買う／さしあげる／～たい) 。

괜찮으시면 사모님께 꽃을 사서 드리고 싶은데요.

________________________________________

③선생님께 요리를 만들어서 드렸습니다.

________________________________________

## 한자연습

| 世<br>せい／せ<br>よ | | | | |
|---|---|---|---|---|
| 世界(せかい)。お世話(せわ)。世(よ)の中(なか)。 | | | | |

| 最<br>さい<br>もっと・も | | | | |
|---|---|---|---|---|
| 最近(さいきん)。最初(さいしょ)。 | | | | |

| 初<br>しょ<br>はつ／はじ・めて | | | | |
|---|---|---|---|---|
| 最初(さいしょ)。この本(ほん)は初(はじ)め読(よ)んだ。 | | | | |

| 語<br>ご<br>かた・る | | | | |
|---|---|---|---|---|
| 日本語(にほんご)。語(かた)る。 | | | | |

| 母<br>ぼ<br>はは | | | | |
|---|---|---|---|---|
| 母親(ははおや)。祖母(そぼ)。お母(かあ)さん。 | | | | |

| 父<br>ふ<br>ちち | | | | |
|---|---|---|---|---|
| 父(ちち)。父母(ふぼ)。お父(とう)さん。 | | | | |

電

でん

電車(でんしゃ)。電話(でんわ)。電気(でんき)。

遊

ゆう／ゆ

あそ・ぶ

友(とも)だちと遊(あそ)ぶ。遊園地(ゆうえんち)。

当

とう

あ・たる / あ・てる

本当(ほんとう)。宝(たから)くじに当(あ)たる。

案

あん

案内(あんない)する。

内

ない

うち

内容(ないよう)。部屋(へや)の内(うち)

礼

れい

お礼(れい)。礼金(れいきん)。

# 日本の昔話①

## わかくなった　ふたり

むかし　ある　ところに、おじいさんと　おばあさんが　いました。
二人とも　八十近い　年で　耳も　遠く　なり、目も　弱く　なりました。
「もう　一度　若く　なりたいねえ。」
いろりの　火に　あたりながら、いつも　話し合って　いました。
ある　とき、おじいさんが　山へ　しばかりに　行って、夕方　帰って
来ました。　それを　見た　おばあさんは　びっくり　ぎょうてん。
おじいさんが　子ども**のように**　若く　なって　いるのです。
「おじいさん、どうしたのです。」
「山の　上に　いずみが　あったのでね。　その　水を　飲んだら、こう
なったんだよ。」
「それじゃ、わたしも　行って　**こよう**。」

おばあさんは　出かけ**て　行きました**。
けれど、暗く　なっても　帰りません。
おじいさんは　心配に　なって、さがしに　行きました。
「おばあさん、おばあさん。」
山の　上で　おばあさんを　呼んで　いると、やぶの　中から　泣き声が
聞こえ**て　来ます**。
行って　みると、おばあさんの　着物を　着た　赤ちゃんです。
おばあさんは　あんまり　水を　飲み**すぎて**、赤ちゃんに　なって　しまったのでした。

### 어휘주머니

| | |
|---|---|
| 若(わか)い | 젊다 |
| 昔(むかし) | 옛날 |
| おじいさん | 할아버지 |
| おばあさん | 할머니 |
| 二人(ふたり)とも | 둘 다 |
| 耳(みみ) | 귀 |
| いろり | 화로 |
| 火(ひ) | 불 |
| あたる | 쬐다 |
| 話(はな)し合(あ)う | 이야기를 나누다 |
| しばかりに行(い)く | 나무하러 가다 |
| びっくりぎょうてんする | 매우 놀라다, 기겁하다 |
| ～のように | ～처럼 |
| いずみ | 샘 |
| 出(で)かける | 외출하다, 나가다 |
| けれど（も） | 하지만 |
| 暗(くら)い | 어둡다 |
| 探(さが)す | 찾다 |
| やぶ | 덤불 |
| 聞(き)こえる | 들리다 |
| ～すぎる | 지나치게 ～하다 |

* 본문을 읽고 감상문을 써 보세요.

## 문형연습

### 1. ～のように　～처럼

①紙飛行機が風にのって、まるで本物のように飛んでいった。

종이비행기가 바람을 타고 마치 진짜처럼 날아갔다.

②彼女の笑顔は（子ども／ように／かわいい）。

그녀의 얼굴은 어린아이처럼 귀엽다.

③선생님은 마치 부모님처럼 학생의 일을 걱정했다.

### 2. ～（よ）う　<의지형/청유형> ～ 해야지, ～ 하자, ～ 하려고

①よし、次の試験は、もっとがんばろう。

좋아, 다음 시험은 좀 더 열심히 해야지.

②週末に海へ行くつもりだけど、木村さんも（一緒に／行く／よ）。

주말에 바다에 갈 생각인데 기무라씨도 같이 가자.

③벌써 어두워졌으니, 빨리 집에 돌아가자.

### 3. ～て行く　～ 해 가다

①日本語がだんだん上手になっていきますね。

일본어가 점점 능숙해져 가네요.

②（カメラ／私／持つ／行く／から）、必要ありません。

카메라는 제가 가지고 갈 테니 필요 없습니다.

③앞으로는 결혼하지 않는 여성이 계속 늘어나갈 것입니다.

## 4. ～て来る　　　～ 해 오다, ～ 하기 시작하다

①3年前から日本語の勉強を続けてきました。

3년 전부터 일본어 공부를 계속해 왔습니다.

② (雨／ふる／来る) 。急いで帰りましょう。

비가 오기 시작했네요. 서둘러서 돌아갑시다.

________________________________________

③나갔다올 테니까, 청소하고 빨래를 부탁해요.

________________________________________

## 5. ～すぎる　　너무 ～ 하다

①ああ、お腹、いっぱい。ちょっと食べすぎましたね。

아, 배부르다. 좀 지나치게 먹었네요.

②どうやら、ガソリンスタンドを (通る／すぎる／ようだ) 。

아무래도 주유소를 지나친 것 같네요.

________________________________________

③커피를 너무 많이 마셔서 머리가 아파요.

________________________________________

## 한자연습

| 耳<br>じ<br>みみ | | | | |
|---|---|---|---|---|
| 耳(みみ)が遠(とお)くなる。 | | | | |

| 弱<br>じゃく<br>よわ・い | | | | |
|---|---|---|---|---|
| 目(め)が弱(よわ)くなる。 | | | | |

| 暗<br>あん<br>くら・い | | | | |
|---|---|---|---|---|
| 暗(くら)くなる。 | | | | |

| 帰<br>き<br>かえ・る | | | | |
|---|---|---|---|---|
| 家(いえ)に帰(かえ)る。帰宅(きたく)。 | | | | |

| 赤<br>せき<br>あか | | | | |
|---|---|---|---|---|
| 赤(あか)ちゃん。赤色(あかいろ)。 | | | | |

| 火<br>か<br>ひ | | | | |
|---|---|---|---|---|
| 火(ひ)を消(け)す。火事(かじ)。 | | | | |

| 目<br>もく<br>め | | | | |
|---|---|---|---|---|
| 目(め)が大(おお)きい。注目(ちゅうもく)。 | | | | |

| 行<br>こう／ぎょう<br>い・く／ゆ・く | | | | |
|---|---|---|---|---|
| 旅行(りょこう)。大学(だいがく)へ行(い)く。 | | | | |

| 来<br>らい<br>く・る | | | | |
|---|---|---|---|---|
| 来週(らいしゅう)。誰(だれ)か来(く)る。 | | | | |

| 物<br>ぶつ／もつ<br>もの | | | | |
|---|---|---|---|---|
| 食(た)べ物(もの)。食物(しょくもつ)。植物(しょくぶつ)。 | | | | |

| 泣<br>きゅう<br>な・く | | | | |
|---|---|---|---|---|
| 赤(あか)ちゃんが泣(な)く。 | | | | |

| 水<br>すい<br>みず | | | | |
|---|---|---|---|---|
| 水(みず)を飲(の)む。水道(すいどう)。 | | | | |

# 日本の昔話②

## いたずら たぬき

いたずらものの　たぬきが　いました。いつも　村の　人を　**こまらせて　います。**

月夜の　ばんです。

たぬきが　木の　下に　立って　いると、　村長さんが　やってきます。

「よし、おどかして　やろう。」

たぬきは　木の　上に　のぼりました。

村長さんは　木の　下で　ひと休みしました。

ふと　見上げると、　たぬきの　しっぽが　とび出して　います。

「おやおや、この　木には　右にも　二本　枝が　あったんじゃなかった**かな。**」

村長さんが　ひとりごとのように　言いました。

たぬきは　あわてて、　右手と　右足を　にょっきりと　つき出しました。

「やっぱり　そうだったな。　でも　左にも　一本　枝が　あったのにな。」

それを　聞くと、たぬきは　左手も　つき出しました。

「いやいや、　もう　一本　あった　**はずだ**。」

たぬきが　また　左足も　**出そうと　しました**。

でも、　手足を　四本とも　出したのですから、たまりません。

たぬきは　どすんと　木の　上から　落ちて　しまいました。

「どうだ、まいったか。」

「はい、もう　いたずらは　**いたしません**。」

たぬきは　そう　言って　あやまったあと、　逃げて　行きました。

### 어휘주머니

| | |
|---|---|
| いたずらもの | 장난꾸러기 |
| たぬき | 너구리 |
| 村(むら) | 마을 |
| おどかす | 놀라게 하다 |
| ～てやる | ~해주다, ～てあげる 의 낮춤말 |
| ふと | 문득 |
| 見上(みあ)げる | 올려다 보다 |
| 村長(そんちょう) | 촌장 |
| ひと休(やす)みする | 잠깐 쉬다, 한숨 돌리다 |
| しっぽ | 꼬리 |
| とび出(だ)す | 튀어나오다 |
| えだ | 가지 |
| おやおや | (뜻밖의 일에 놀랄 때) 아니 이런 |
| ひとりごと | 혼잣말 |
| あわてる | 당황하다, 서두르다 |
| 手足(てあし) | 손발 |
| にょっきり | 불쑥, 우뚝 |
| つき出(だ)す | 쑥 내밀다 |
| いやいや | 아니아니 |
| たまらない | 참을 수 없다 |
| どすん | (무거운 물건이 떨어질 때 나는 소리)쿵 |
| まいる | 항복하다 |
| あやまる | 사과하다 |
| 逃(に)げる | 도망가다 |

* 본문을 읽고 감상문을 써 보세요.

## 문형연습

### 1.　～（さ）せる　<사역표현> ～ 하게 하다, ～ 시키다

①先生は、昔話を子どもたちに聞かせました。

선생님은 전래동화를 아이들에게 들려주었습니다.

②子どもが好きなものばかり（食べる／てはいけない）。

어린이가 좋아하는 것만 먹게 해서는 안 됩니다.

③그녀가 기운이 없었기 때문에 집에 가게 했습니다.

### 2.　～かな　～ 일까, ～인가

①一人で海外旅行に行くのはあぶないかな。

혼자서 해외여행을 가는 것은 위험한 걸까?

②どうして来ないんだろう。木村さん、（お昼の約束／忘れる／かな）。

어째서 안 오는 거지? 기무라씨, 점심약속 잊어버린 걸까?

③아직 내 전화번호를 기억하고 있을까?

### 3.　의지형 ＋ とする　～ 하려고 하다

①私は先に帰ろうとしましたが、みんなに止められました。

저는 먼저 돌아가려고 했습니다만, 모두가 말렸습니다.

②先生の質問に答えるために、（手／上げる／～ようとする）。

선생님의 질문에 대답하기 위해 손을 들려고 했습니다.

③자려고 했습니다만, 좀처럼 잠을 잘 수가 없었습니다.

### 4. はず　　틀림없이 ~하다

①ケイタイを忘れていったから、彼は戻ってくるはずだ。

휴대폰을 잊어버리고 갔기 때문에 그는 틀림없이 돌아올 것이다.

②おかしいなあ。（正午／来る）はずなのに。

이상하다. 정오에 틀림없이 오기로 했는데.

______________________________

③이미 1년 정도 공부했으니 이 정도 한자는 읽을 수 있을 것이다.

______________________________

### 5. ~たあと　　~ 한 후

①会社が終わったあと、英会話教室に通っています。

회사가 끝난 후 영어회화학원에 다니고 있습니다.

②（文法／勉強する／あと）、会話の練習をします。

문법을 공부한 후 회화연습을 합니다.

______________________________

③식사를 한 후 반드시 커피를 마십니다.

______________________________

## 한자연습

| 村<br>そん<br>むら | | | | |
|---|---|---|---|---|
| 村(むら)の人(ひと)。村長(そんちょう)。 | | | | |
| 月<br>げつ・がつ<br>つき | | | | |
| 月曜日(げつようび)。4月(がつ)。月(つき)が出(で)る。 | | | | |
| 立<br>りつ<br>た・つ | | | | |
| 席(せき)から立(た)つ。起立(きりつ)。 | | | | |
| 右<br>う／ゆう<br>みぎ | | | | |
| 左右(さゆう)。右手(みぎて)。 | | | | |
| 手<br>しゅ<br>て | | | | |
| 手足(てあし)。相手(あいて)。 | | | | |
| 足<br>そく<br>あし | | | | |
| 足(あし)が長(なが)い。不足(ふそく)。 | | | | |

| 左<br>さ<br>ひだり | | | | |
|---|---|---|---|---|
| 左足(ひだりあし)。左右(さゆう)。 | | | | |

| 休<br>きゅう<br>やす・む | | | | |
|---|---|---|---|---|
| 休(やす)みの時間(じかん)。休憩(きゅうけい)。 | | | | |

| 枝<br>し<br>えだ | | | | |
|---|---|---|---|---|
| 木(き)の枝(えだ)。 | | | | |

| 出<br>しゅつ<br>で・る / だ・す | | | | |
|---|---|---|---|---|
| 出席(しゅっせき)。家(いえ)を出(で)る。ゴミを出(だ)す。 | | | | |

| 落<br>らく<br>お・ちる / お・とす | | | | |
|---|---|---|---|---|
| さるも木から落ちる。 | | | | |

| 逃<br>とう<br>に・げる / に・がす | | | | |
|---|---|---|---|---|
| どろぼうが逃(に)げる。 | | | | |

# 童話

## あいていても、見えない目

家族のいない、ひとりぼっちのおばあさんが、病気で目が見えなくなりました。病院へも行けません。仕方なく、おばあさんは、医者に毎日来てもらうことにしました。

「私の目は見えるようになるでしょうか。」

おばあさんが心配そうに**たずねました**。

「重い病気ですが、高い薬を使い、治してあげます。」

医者は、いかにも親切そうに答えました。

「ぜひ、治してください。お礼は、たくさんあげます。」

おばあさんの家は、とてもお金持ちでした。部屋の中には、りっぱな品物がたくさんあります。医者はそれを見て、本当はもっと軽い病気を、重いように話したのです。

それから毎日医者は、おばあさんの目のちりょうをすると、家の中から次つぎに家具を運び出しました。

すばらしく大きな、しかの角のおきもの、どんな寒い冬でもあたたかそうな毛皮の洋服、世界中どこにもないような金の首かざりなど、みんな運び出してしまいました。

「さあ、目はなおりました。お金をもらいましょうか。」と医者がずるそうな声で言いました。

「いいえ、お金は一文も払いません。」

医者は怒り出すと、おばあさんを役人のところへ引っぱっていきました。

「目が見えるようになったら、お金を払うことにしたのに、払わないのはどうしてかね。」

話を聞いた役人がおばあさんに問いかけました。

「はい、私の目が、まだなおっていないからです。」

「なおっていない？　でも、ぱっちりあいているし、つえもつかずに歩けるじゃないか。」

「ええ、でもまだ見えません。前に、私の目に写っていた、しかの角のおき物や、毛皮の洋服や、金の首かざりなどが、一つも、今の私の目に写らないのです。」

役人は、ふしぎに思って、医者の家を調べさせました。すると、おばあさんの言ったものが、家の中からどっさり出てきました。

医者がこらしめられたのは、言うまでもありません。

**어휘 주머니**

開く　(눈을)뜨다

仕方ない　하는 수 없다

さしあげる　드리다

お金持ち　부자

ちりょう　치료

次々に　차례로

運び出す　운반해내다

置物　장식품

洋服　옷

治る　(병이)낫다

一文　한 푼

役人　관리

問いかける　추궁하다

つえ　지팡이

映る　눈에 비치다, 보이다

こらしめる　벌주다, 응징하다

～は言うまでもない　～은 말할 것도 없다

ひとりぼっち　외톨이

たずねる　묻다

治す　고치다

品物　물건, 물품

家具　가구

しか　사슴

角　뿔

毛皮　모피

首かざり　목걸이

ずるい　교활하다

払う　지불하다

引っぱる　억지로 끌고 가다

ぱっちり　(눈을)크게

つく　(지팡이를)짚다

どっさり　잔뜩, 듬뿍

* 본문을 읽고 감상문을 써 보세요.

## 문형연습

### 1. たずねる　묻다, きく 의 겸양어

①道をたずねて、待ち合わせの場所まで来ました。

길을 물어서 약속장소까지 왔습니다.

②駅員に出発の時間を（聞く）。

역무원에게 출발시간을 물었습니다.

______________________________

③시험공부의(에 관한) 일은 선생님에게 여쭤보세요.

______________________________

### 2. ～のか　~한 건가, ~한 거야

①サッカーの試合はもうはじまっているのか。

축구 시합은 벌써 시작한 건가.

②ぼくの言っていること、（聞く／のか）。

내가 말하는 거, 듣고 있는 거야.

______________________________

③벌써 집에 돌아와 있는 거야.

______________________________

### 3. ～ずに（＝ないで）　~하지 않고

①弟は、今朝、ご飯を食べずに、学校へ行きました。

남동생은 오늘 아침 밥을 먹지 않고 학교에 갔습니다.

②授業が終わってから、（家／帰る／ずに）、映画を見に行きました。

수업이 끝난 후 집에 돌아가지 않고 영화를 보러 갔습니다.

______________________________

③부모에게 이야기하지 않고 일본에 유학가기로 했습니다.

______________________________

## 한자연습

| | | |
|---|---|---|
| 暑 | しょ / あつ・い | 暑(あつ)い日(ひ)。 |
| 切 | せつ / き・る | 親切(しんせつ)。紙(かみ)を切(き)る。 |
| 病 | びょう / や・む | 病院(びょういん)。 |
| 院 | いん | 病院(びょういん)。 |
| 医 | い | 医者(いしゃ)。 |
| 薬 | やく / くすり | 薬(くすり)を飲(の)む。 |

| 品<br>ひん<br>しな | | | | |
|---|---|---|---|---|
| しな もの<br>品物。 | | | | |

| 軽<br>けい<br>かる・い | | | | |
|---|---|---|---|---|
| からだ かる<br>体が軽い。 | | | | |

| 運<br>うん<br>はこ・ぶ | | | | |
|---|---|---|---|---|
| か ぐ はこ<br>家具を運ぶ。 | | | | |

| 寒<br>かん<br>さむ・い | | | | |
|---|---|---|---|---|
| さむ ひ<br>寒い日。 | | | | |

| 首<br>しゅ<br>くび | | | | |
|---|---|---|---|---|
| くび<br>首かざり。 | | | | |

| 角<br>かく<br>つの／かど | | | | |
|---|---|---|---|---|
| つの さんかくけい かど ま<br>しかの角。三角形。角を曲がる。 | | | | |

# 広告①

(こう こく)

街で見つけた「ヘア美人」ランキング発表
男のコの目線はあなたの髪をじっくり見てる！
東京vs大阪
発見！男のコにモテる夏ヘア ベスト10
いよいよ夏がやって来た！　花火に海に、ドライブに、思いっきりオシャレして行きたいよね。そこで、意中の彼も街ゆく男のコも、思わずふり返っちゃうキュートな夏ヘアの作り方を、ドーンと教えます。
さわやかなクールショート
そよ風になびくエアリーロング
87

# 広告②

有楽町駅の目の前!
有楽町 uno
ウノ
近日グランドOPEN!
★有楽町駅前新名所【有楽町ITOCiA】内に10月下旬OPEN予定★
一緒にお店を盛上げましょう♪
未経験者歓迎!
自由シフト制!
ボーナスあり!
オープニングスタッフ
100名大募集!
即勤務もOK!!
こんな人にピッタリ♪
1つでも当てはまったなら、まずは電話してみよう!
空いた時間で都合よく働きたい!
社員を目指している!
安定して、しっかり稼ぎたい!
カワイイ制服でお仕事したい!
週1日～OK!最大時給1937円も可能!
ちょこっとオシゴト
Aさんのスケジュール
★入社1ヶ月／早番で、月収
10万5625円!
時給1250円x6.5hx13日
がっつりしっかり働く
Bくんのスケジュール
★入社1年半／遅番で、月収
20万6150円!
時給1400円x7.25hx19日

# 広告(こうこく)③

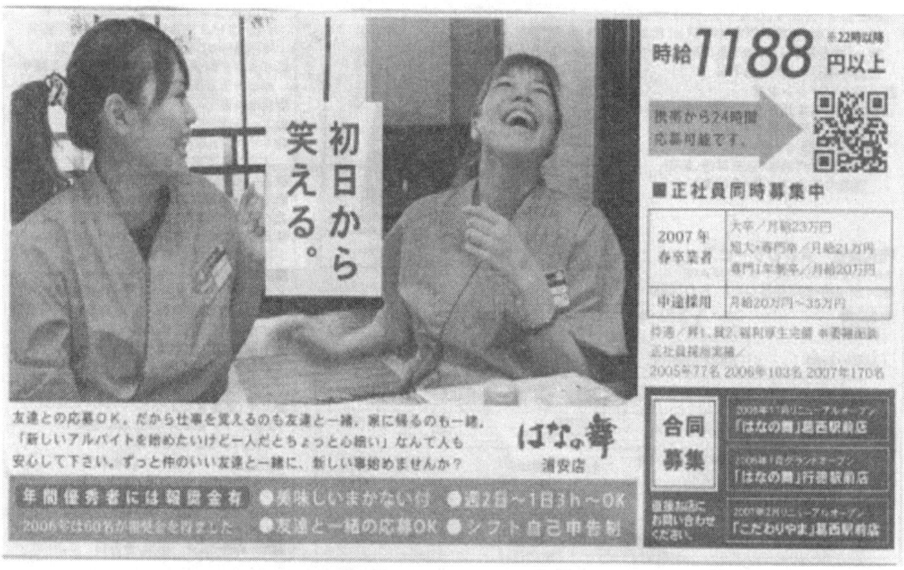
初日から笑える。
時給1188円以上
※22時以降
携帯から24時間応募可能です。
■正社員同時募集中
2007年春卒業者
大卒／月給23万円
短大・専門卒／月給21万円
専門1年制卒／月給20万円
中途採用
月給20万円～35万円
友達との応募OK。だから仕事を覚えるのも友達と一緒。家に帰るのも一緒。
「新しいアルバイトを始めたいけど一人だとちょっと心細い」なんて人も
安心して下さい。ずっと仲のいい友達と一緒に、新しい事始めませんか？
はなの舞
浦安店
年間優秀者には報奨金有
●美味しいまかない付
●週2日～1日3h～OK
●友達と一緒の応募OK
●シフト自己申告制
合同募集
「はなの舞」葛西駅前店
「はなの舞」行徳駅前店
「こだわりやま」葛西駅前店
直接お店にお問い合わせください。

ローソン店内販売スタッフ ★未経験大歓迎!!★
江東高齢者医療センター内
①7:00～9:00 ②9:00～17:00
③17:00～22:00 ④22:00～翌7:00
★時間・曜日は気軽に相談して下さい!!★
16～40歳位迄 ※④18～40歳位迄
交通費支給、制服貸与 コンビニ
履歴書(写貼)持参下さい。
※お問合せ等も、お気軽にどうぞ！
※掲載終了後も随時、応募受付中です!!
好きなシフトで働いて下さい！
週2のマイペース派も、週5のガッツリ派も
みんな大歓迎です！気軽に相談してネ☆
★駅近で通勤便利！キレイなお店です！★
医療センター入口
ニューワイスシティ
駅入口
当店
江東高齢者医療センター
ローソン 江東高齢者医療センター店
(03)5677-3963 担当/店長
☆★週2日～OK!!☆★
ココは「ありがとう」が
飛び交う温かローソン☆
常連さんが孫みたいに可
愛がってくれますヨ(笑)

## 어휘주머니

- 目線(めせん)　시선
- 発見(はっけん)　발견
- ベスト～　베스트～
- 花火(はなび)　불꽃
- おしゃれする　꾸미다
- 街(まち)　거리
- ふり返(かえ)る　뒤돌아보다
- キュートだ　귀엽다
- さわやかだ　산뜻하다
- ショート　짧다
- スタッフ　스탭
- ピッタリだ　딱 맞다
- ちょこっと　살짝
- 初日(しょにち)　첫날
- 早番(はやばん)　(교대근무 중)빠른 근무 ↔ 遅番(おそばん)
- 応募(おうぼ)　응모
- 仲(なか)がいい　사이가 좋다
- 気軽(きがる)に　마음 편하게
- 飛(と)び交(か)う　난무하다
- じっくり　곰곰이, 차분하게,
- モテる　인기 있다
- いよいよ　드디어
- 思(おも)いっきり　큰 맘 먹고
- 意中(いちゅう)　의중
- 思(おも)わず　불현듯
- ～ちゃう (＝～てしまう)　～해버리다
- ドーンと　가득, 잔뜩
- クールだ　시원하다
- オープニング　오프닝
- 大募集(だいぼしゅう)　대모집
- 時給(じきゅう)　시급
- がっつり　야무지게
- 月収(げっしゅう)　월수입
- 心細(こころぼそ)い　불안하다
- 翌(よく)～　다음 날
- 支給(しきゅう)　지급
- 常連(じょうれん)　단골손님

* 본문을 읽고 광고문을 만들어 봅시다.

## 문형연습

### 1. ～ている → てる <구어체 줄임말> ~ 하고 있다

①あのテレビ番組(ばんぐみ)、まだやってるよ。

그 TV프로 아직 하고 있어.

② (ご飯(はん)／食(た)べる／から) 、電話(でんわ)に出(で)られなかった。

밥을 먹고 있었기 때문에 전화를 받을 수가 없었어.

______________________________

③잘 알고 있어. 걱정하지 마.

______________________________

### 2. ～てしまう → ～ちゃう <구어체 줄임말> ~ 해버리다

①冷蔵庫(れいぞうこ)の中(なか)にあったケーキなら、さっき私(わたし)が食(た)べちゃったけど。

냉장고 안에 있었던 케이크라면 아까 내가 먹어버렸는데.

②学生(がくせい)は5時(じ)過(す)ぎに (みんな／帰(かえ)る／ちゃう) 。

학생은 5시가 지나서 모두 돌아가 버렸습니다.

______________________________

③귀가가 늦어져서 혼나버렸어요.

______________________________

### 3. ～みたいだ (＝～ようだ) <구어체> ~ 인 것 같다

①会議(かいぎ)が遅(おそ)くなるみたいだから、わたしたちは先(さき)に帰(かえ)りましょう。

회의가 늦어지는 것 같으니까 우리들은 먼저 집에 갑시다.

② (ゴミ箱(ばこ)／みたいだ) 、きたない部屋(へや)ですね。

쓰레기통 같은 더러운 방이네요.

______________________________

③마치 어린아이 같네요.

______________________________

## 한자연습

| 発<br>はつ | | | | |
|---|---|---|---|---|
| 出発(しゅっぱつ)。発見(はっけん)。 | | | | |
| 花<br>か<br>はな | | | | |
| 花(はな)が咲(さ)く。花火(はなび)。 | | | | |
| 海<br>かい<br>うみ | | | | |
| 海(うみ)へ行(い)きたい。海水浴場(かいすいよくじょう)。 | | | | |
| 街<br>がい<br>まち | | | | |
| 街(まち)を歩(ある)く。住宅街(じゅうたくがい)。 | | | | |
| 店<br>てん<br>みせ | | | | |
| 店(みせ)の中(なか)。店員(てんいん)。 | | | | |
| 番<br>ばん | | | | |
| 番組(ばんぐみ)。早番(はやばん)。 | | | | |

| 遅<br>ち<br>おそ・い | | | | |
|---|---|---|---|---|
| ちこく　でんしゃ　おそ　おそばん<br>遅刻。電車が遅い。遅番。 | | | | |

| 線<br>せん | | | | |
|---|---|---|---|---|
| め　せん<br>目線。 | | | | |

| 能<br>のう | | | | |
|---|---|---|---|---|
| のう りょく<br>能力。 | | | | |

| 返<br>へん<br>かえ・る／かえ・す | | | | |
|---|---|---|---|---|
| げん き　へん じ　かえ<br>元気な返事が返ってくる。 | | | | |

| 給<br>きゅう | | | | |
|---|---|---|---|---|
| きゅうしょく　げっきゅう<br>給食。月給。 | | | | |

| 細<br>さい<br>ほそ・い | | | | |
|---|---|---|---|---|
| め　ほそ　こころぼそ<br>目が細い。心細い。 | | | | |

# 쉬운 일본어독해 해답지

## Lesson 1　자기소개

<본문해석>

처음 뵙겠습니다. 장 영애라고 합니다. 출신은 한국의 구미시입니다. 올해 4월에 일본에 왔습니다. 26살입니다. 잘 부탁드립니다.

저는 ○○통역학교에서 통역과 번역 공부를 하고 있습니다. 한국에서는 은행에서 일하면서 대학을 나왔습니다. 대학에서는 비즈니스 일본어를 전공했습니다. 대학에서 공부하면서 통역이나 번역에 더 관심이 생겼습니다. 그래서 졸업하고 나서 부모님과 상의해서 일하고 있던 은행을 그만두고 일본에 유학을 왔습니다.

주변 사람은 대부분이 "왜 그렇게 좋은 직장을 그만둬? 아깝다."라고 걱정해주었지만, "결심했다면 열심히 해."라고 격려하는 사람도 있었습니다.

지금은 일본에 오길 잘했다고 생각하고 있습니다. 왜냐하면 옛날부터 흥미가 있던 일본어와 일본문화를 확실하게 공부할 수 있기 때문입니다.

또한 내가 다니는 학교에는 유학생도 있습니다만, 대부분은 일본인입니다.

덕분에 일본에 와서 반년이 되지만, 이미 완전히 일본생활에 익숙해졌습니다. 게다가 일본어 공부에도 매우 도움이 되고 있습니다.

열심히 공부해서 장래에 통역이나 번역 일을 하고 싶습니다.

이상입니다.

**<문형연습>**

1．～ながら

②音楽を聞きながら、メールを書きます。

③旅行をしながら、写真をとります。

2．～てから

②料理は手を洗ってから作ります。

③映画を見ながら、夕飯を食べました。

3．～の

②もう仕事が終わったの。

③今日、学校（を）休んだの。

4．～なら

②（旅行/行く）なら、温泉はどうですか。

→ 旅行に行くなら、温泉はどうですか。

③恋人がいるなら、遊園地に遊びに行くのに。

5．～なさい

②早く起きなさい。授業に遅れるよ。

③ここは禁煙ですから、たばこを吸ってはいけません。

6．が→の

②わたしの食べたカレーライスはとてもおいしかったです。

# Lesson 2 나의 꿈

<본문해석>

1.

나의 꿈은 호텔에서 일하는 호텔리어가 되는 것입니다.
고등학교 때 우연히 "호텔리어"라는 드라마를 본 후 줄곧 꿈이었습니다. 같은 꿈을 가진 친구가 있어서 장래 같은 호텔에서 근무하기로 했습니다. 그래서 함께 호텔에서 일하고 있는 자신들을 상상해보거나 호텔정보를 모으거나 여러 노력을 했습니다.

아직 호텔리어가 되지는 않았지만, 저는 지금 꿈을 향해 한발씩 나아가고 있습니다. 대학에 들어간 것도 그 하나입니다.

일본어 공부는 생각했던 것보다 어렵습니다만, 열심히 공부하면 언젠가는 꼭 호텔리어가 될 수 있을 거라고 생각합니다.

2.

저는 장래에 일본어 통역사가 되고 싶습니다.

물론 아직 일본어는 막 시작했기 때문에 아직도 먼 이야기입니다만. 하지만 저는 일본어를 아주 좋아하고 공부 쪽도 열심히 하고 있기 때문에 언젠가는 꼭 통역사가 될 수 있을 거라고 생각합니다.

또한 말뿐만 아니라, 일본어로 키보드를 치는 연습도 하고 있습니다. 일본어로 메일을 쓸 수 있게 되면 일본인 친구를 만들 수도 있고, 일본의 일을 더 알 수 있을 것이라고 생각합니다.

앞으로도 열심히 할 테니 여러분도 응원해 주세요. 이상입니다.

<문형연습>

1．～ことにする

②今度の冬休みは、家族と温泉に行くことにしました。

③明日から朝早く起きて、夜早く寝ることにしました。

2．～たり～たりする

②今日は朝から雨が降ったり止んだりしています。

③さっきから彼はわたしの前で行ったり来たりしています。

3．～ば

②ここから駅までどうやって行けばいいですか。

③あなたが話せば、わたしも話しますよ。

4．～られる

②テニスができるなら、今度の日曜日、テニスをしに行きませんか。

③その荷物、一人で運べますか。

5．～たところ

②今、夕食の支度が終わったところです。

③先生は出かけたところですが。

6．～し

②もう遅いし、お腹もすいたし、そろそろ帰りましょう。

③きのうは暑かったし、仕事も多かったし、本当につかれました。

# Lesson 3　홈스테이

<본문해석>

저는 캘리포니아에 사는 존슨씨의 댁에서 홈스테이 했습니다.

처음에는 정말로 낙담했습니다. 열심히 공부했던 영어인데 존슨씨가 말하는 내용이 절반도 이해가 안 됩니다. 그러나 우는 소리만 하고 있을 상황은 아니었습니다.

'아무리 돌아가기 싫다고 생각해도 1년 후에는 돌아가야만 한다. 1년간의 아르바이트비로 여기까지 왔어. 그러니까 좀 더 열심히 하지 않으면(안 돼)!'

그렇게 생각한 다음 날부터 저의 생활은 바뀌었습니다.

클래스메이트는 한국과 중국, 러시아, 멕시코, 베트남 등 여러 나라의 사람들이었습니다. 특히 저의 클래스는 저 외에 일본인은 없었기 때문에 싫어도 영어로 이야기하지 않으면 안 됩니다. 선생님도 "교실에서는 영어이외의 말은 써서는 안돼요."라고 말했기 때문에 더 이상 낙담하고 있을 상황이 아니었습니다. 이것은 정말로 멋진 환경이었습니다.

학교에서 영어를 써서 회화를 조금 할 수 있게 되었기 때문에 학교생활도 한층 즐거워졌습니다. 또한 집에 돌아가도 존슨씨에게 영어로 말을 걸게 되었습니다. 존슨씨가 말하는 내용을 전부 알지는 못해도 매일 함께 저녁식사를 만들면서 영어로 이야기하거나 했습니다.

그렇게 해서 일본에 돌아올 즈음에는 영어가 아주 능숙해져서 미국영화도 거의 알아들을 수 있게 되었습니다.

저는 홈스테이하길 정말로 잘했다고 생각하고 있습니다.

<문형연습>

1．～のに

②お酒を何本も飲んだのに、ほとんど酔いませんでした。

③きのう休みだったのに、どこにも行きませんでした。

2．～ても（でも）

②何度失敗しても、またチャレンジするつもりです。

③わたしはどんなに食べても太りません。

3．～なければならない

②かぜをひいたので、病院に行かなければなりません。

③来週までこの本をぜんぶ読まなければなりません。

4．～ため

②毎朝ジョギングしたため、体重が５キロも減りました。

③いっしょうけんめい勉強したため、成績がずいぶん上がりました。

5．～ようになる

②うちの子は一人で歩けるようになりました。

③一人でも電車に乗れるようになりました。

6．～くなる／～になる

②ケイタイの普及で、連絡がべんりになりました。

③健康は少しよくなりましたか。早く元気になってください。

# Lesson 4 호칭방법

<본문해석>

처음 만난 사람에게 "몇 살이세요?"라고 질문을 받습니다. 당신은 어떤 기분이 듭니까? 아마도 한국인이라면 태연하겠지만, 일본인이라면 기분이 상할 것입니다.

한국에서는 자신보다 손윗사람인지 손아랫사람인지를 아는 것이 매우 중요합니다. 왜냐하면 그에 따라 호칭이나 말투가 바뀌기 때문입니다.

예를 들면 손윗사람을 부를 때 여성이면 '언니', 남성이면 '오빠'라고 부르는 경우가 있습니다. '언니'나 '오빠'는 일본어로 말하면 '오네-상'과 '오니-상'이 됩니다만, 일본에서는 가족이나 친척 외에는 이 호칭을 쓰지 않습니다. 하지만 한국에서는 자신보다 손윗사람이면 누구한테나 쓸 수가 있습니다. 그리고 이 말에는 '빨리 친해지고 싶다.'는 마음이 담겨져 있습니다. 한국인이 이 말을 너무 자주 쓰기 때문에 어떤 일본인이 '한국인은 정말 형제가 많구나.'라고 생각했다는 이야기도 있습니다.

일본에서는 손윗사람이라도 보통 성에다 "상"을 붙여서 "기무라상"이라고 부릅니다. "상" 대신에 이름에 "짱"을 붙여서 "히토미짱"이라고 부르는 경우도 있습니다만, 이것은 여자아이나 친한 여성에게만 사용하고 손윗사람에게는 써서는 안 됩니다. 또한 친구라면 이름으로 부르는 경우가 많습니다.

<문형연습>

1．～（ら）れる

②電車の中で、わたしはすりに財布をぬすまれた。

③わたしは宿題をしなかったため、先生にひどく叱られた。

2．～でしょう

②辞書で調べれば、簡単にわかるでしょう。

③薬を飲めば、すぐ治るでしょう。／薬を飲めば、すぐよくなるでしょう。

3．～か、

②財布をどこで忘れたか、わかりません。

③この電車が何時に東京へ行くか、知っていますか。

4．～方

②お箸の使い方を知りませんか。

③このゲームのやり方が知りたいです。

5．～ことがある

②急に遊びに行きたくなることがあります。

③忙しくて朝ごはんを食べないことがあります。

6．～と

②天気がいいと、ここからも富士山が見えます。

／いい天気だと、ここからも富士山が見えます。

③ここからは電車で行くと、早くて便利です。

# Lesson 5　클럽활동

<본문해석>

오늘은 관악부 연습이 평상시보다 길어져서 집에 돌아왔을 때는 밤 11시를 넘기고 말았다. 이제 곧 도 대회이므로 모두 열심히 하고 있는 거다.

나는 관악부에서 오보에를 불고 있다. 특별히 흥미가 있다든지, 오보에를 잘 하기 때문이 아니다. 그냥 멋진 선배가 많이 있기 때문에 들어온 거다. 특히 부장인 기무라선배는 너무 멋지다. 입부했을 때부터 줄곧 좋아했다. 아직 마음을 전하지는 못했지만. 지금은 이렇게 가까이서 바라볼 수 있는 것만으로도 행복해.

일본의 고등학생은 방과 후 대개 부 활동(서클활동)을 하고 있다.
부(서클)는 크게 '체육부'와 '문화부'로 나뉜다.

'체육부'는 야구나 축구, 농구, 배구, 검도 등 스포츠를 하는 서클이고 '문화부'는 관악부나 연극, 사진, 문예 등 스포츠 이외의 서클이다. 이러한 서클 가운데에는 지역대회나 전국대회를 향해 밤늦게까지 연습하는 서클도 있다. 내가 들어가 있는 관악부도 그 중 하나이다.

물론 서클활동을 하고 있지 않는 학생들도 있다. 재미있는 것은 그들에게도 서클명이 붙어 있는데 '귀가부' 혹은 '자택부'라고 불리고 있다.

그런데 이런 서클활동도 3학년 여름방학 때까지밖에 할 수 없다. 그 후에는 입시공부를 하든지, 취직활동을 하든지 (해야) 한다. 즉 이번 도 대회를 마지막으로 기무라선배와도 헤어지지 않으면 안 된다. 슬퍼~. 그래서 좋은 추억을 많이 만들고 싶다고 생각하고 있다. 그러기 위해서라도 이번 도대회에서 반드시 우승하고 싶다.

<문형연습>

1．～てしまう

②今日、朝寝坊してしまって、朝ごはんを食べられなかった。

③天気予報を聞かなくて、雨に降られてしまった。

2．～んだ

②最近は、会社が忙しくて、あまり学校へ行けないんです。

③あしたは土曜日なのに、会社に行くんですか。

3．～とか

②血液型で、人の性格がいいとか、悪いとか、よく言われますね。

③机の上に、本とか雑誌とかがたくさん置かれています。

4．～だけで

②彼とは同じクラスメートだっただけで、あまり親しくありませんでした。

③夏休みは考えるだけでも気分がよくなります。

5．～しか～ない

②わたしは、まだ簡単な日本語しか話せません。

③教室にはまだ学生が3人しか来ていません。

6．～ために

②しょうらい、マイホームを買うために、貯蓄しています。

③いい会社に入るために、努力しています。

# Lesson 6 목욕하는 방법

<본문해석>

오늘 친구인 유미코로부터 저녁식사에 초대받았다. 유미코의 집은 도회지에서 조금 먼 시골에 있었기 때문에 1시간 정도 전철을 타고 가지 않으면 안 되었다. 저녁 무렵이었지만, 한여름이었기 때문에 유미코의 집에 도착했을 때는 속옷까지 땀으로 젖고 말았다.

유미코와 어머니는 저녁준비를 하는 동안 목욕할 것을 권했다.
처음에는 거절했지만, 몇 번이나 권했고 또 땀을 많이 흘려서 기분이 나빴기 때문에 목욕하기로 했다.

목욕물의 온도는 딱 좋았다. 따뜻한 물에 몸을 담그고 있었더니 편안해져서 기분이 좋았다. 목욕을 마치고 탕의 물을 뺀 다음 청소를 하고 나서 욕실에서 나왔다.

그때까지는 좋았지만, 회사에서 돌아온 유미코의 아버지가 욕실로 들어가더니 바로 나와서 화를 내셨다. 어머니와 유미코는 곤란한 듯 했다.
하지만, 걱정스러운 듯한 내 얼굴을 보더니 바로 웃는 얼굴로 바뀌었다.

저녁식사는 고기감자조림과 절임음식, 된장국 등 일본의 가정요리로 아주 맛있었다.

집에 돌아와서 룸메이트인 나츠미와 이야기해서 드디어 아버지가 화가 난 이유를 알았다. 나츠미의 이야기로는 일본은 목욕하는 방법이 한국과는 다르다고 한다. 한번 사용한 목욕물은 버리지 않고 그대로 계속 들어가는 것이 일반적이라고 한다. 보통은 아버지가 가장 먼저 들어가지만, 오늘은 손님이었던 나를 대접하기 위해서 먼저 권했던 것이었다.

다음에 만났을 때 제대로 감사인사와 사과를 하고 싶다.

<문형연습>

1．～と

②いっしょうけんめい勉強していると、日本語がとても上手になりました。

③家に帰ると、両親が来ていました。

2．～出す

②会社から出て、タクシーに乗ろうとしたとき、急に雨が降り出した。

③試験が終わると、学生はさわぎ出した。

3．～ようだ

②お酒が好きなようですね。もう一杯どうぞ。

③その映画はおもしろいようですね。

4．～そうだ

②ガソリンがなくなりそうですね。ガソリンスタンドを探してください。

③木村さんなら、さっき見かけたけど、忙しそうでした。

5．～らしい

②佐藤さんは、おととい、アメリカに帰ったらしいですよ。

③新しい転校生がうちのクラスに入るらしい。

6．～まま

②うっかりして、パジャマのまま、ドアを開けてしまいました。

③つかれていたので、お風呂に入ったまま、ねむってしまいました。

# Lesson 7 식사매너

<본문해석>

오늘 두 명의 일본인 친구가 유학생회관에 놀러 왔다.

나는 떡볶이와 한국의 김밥을 만들기로 했다. 오랜만에 만드는 요리였지만, 완성된 것을 보자, 꽤 맛있어 보였다. 나는 그것을 큰 접시에 담고 작은 접시와 나무젓가락을 3개씩 준비했다. 두 사람이 “맛있겠다.” 라고 외쳤기 때문에 나는 기뻤다.

우리는 “잘 먹겠습니다.”라고 말하고 떡볶이를 먹기 시작했다.

일본에서는 식사 전에 양 손을 모으고 “잘 먹겠습니다.”라고 인사를 한다. 누구를 향해서 말하고 있는 지가 알고 싶어서 두 사람에게 묻자, “특히 정해진 사람은 없어. 농부와 하나님과 요리를 만든 사람에게 ‘고맙습니다.’라고 인사를 하는 거야.”라고 대답했다. 그리고는 두 사람은 이번에는 자신의 나무젓가락을 반대쪽으로 돌려서 떡볶이를 집었다. 어라? 이건 또 무슨 일이지? 일본인은 자신의 입에 들어간 젓가락을 모두가 같이 먹는 요리에 넣는 것은 실례라고 생각하고 있는 것 같다. 그래서 그럴 때는 요리를 집는 젓가락을 별도로 준비해놓지 않으면 안 된다. 내가 그 젓가락을 준비하지 않았기 때문에 두 사람은 자신의 젓가락을 반대편으로 돌려서 떡볶이를 집었던 것이다. 꽤 신경을 써서 준비한다고 생각했는데, 그런데도 좀 부족했던 것 같다. 하지만 음식 맛은 좋았던 모양인지 “매워, 매워.”라고 말하면서도 남기지 않고 다 먹었다.

식사 후에 우리는 차를 마시면서 수다를 떨었다. 그 때 옆 테이블에 앉아있던 다른 한국인 유학생이 우리에게 말을 걸었다.

“일본에서는 밥그릇을 손에 쥐고 먹지요? 저는 그게 아무래도 신경이 쓰여서요. 한국에서는 그렇게 먹으면 부모에게 ‘너, 거지야.’라고 혼나거든요.”

그러자 한 명이 “재미있네요. 일본에서는 밥그릇을 테이블에 놓은 채 먹는 것은 개가 먹는 방법과 같아서 싫어해요.”라고 대답했다.

나는 이 짧은 대화를 들으면서 ‘문화란 어느 쪽이 훌륭한가를 결정하는 것이 아니다. 하나하나의 문화가 의미를 가지고 있다. 또한 자신의 문화와 다르다고 해서 다른 문화를 비웃어도 안 된다.’라는 사실을 배웠다.

<문형연습>

1. ～こと

②田中さんが、先月、アメリカに帰ったことを聞きましたか。

③木村さんが、毎日、図書館で勉強していることを知っていますか。

2. ～もの

②何か気に入ったものはありませんか。

③韓国料理はからいものが多いですね。

3. ～の

②わたしは音楽を聞くのが好きです。

③木村さんが、毎日、図書館で勉強しているのを見ました。

4. ～ておく

②みんなが集まっているときに、写真を撮っておきましょう。

③お客さんが来るから、部屋の掃除をしておきなさい。

5. ～がる

②ヒーターを入れなかったので、学生たちはとてもさむがっています。

③彼女はいつもわたしのものをほしがっています。

6. ～はじめる

②買い物から帰った母は、夕食を作りはじめました。

③彼は歌を歌いながら、踊りはじめました。

# Lesson 8 엽서 쓰는 방법

<본문해석>

엽서①

선생님

잘 지내세요? 저는 여전히 잘 지냅니다.
일본의 대학에서는 일본의 역사나 문화를 공부하고 있습니다.
일본어교실에도 매일 출석하고 있습니다. 저녁에는 편의점에서 아르바이트도 하고 있습니다.
다음 주부터 새 룸메이트가 오기로 되어 있습니다.
샌프란시스코 출신이라고 합니다. 그래서 방을 치우고 있었더니 대학시절 선생님과 캠퍼스에서 찍은 사진이 나와서 옛날 생각이 나서 엽서를 써 보았습니다.
대학 수업 등으로 바쁜 매일을 보내고 계시겠지만, 만일 시간이 있으시면 꼭 여기에 놀러와 주세요.
그럼 또. 건강하세요.

김

엽서②

아버지, 어머니, 잘 지내세요?
지금 도쿄 신주쿠에 있는 호텔에 있습니다.
어제 여기에 막 도착했는데 벌써 신주쿠의 여기저기를 돌아다녔습니다.
날씨가 좋은 날은 도쿄도청의 전망대에서 멀리 있는 후지산이 보인다고 들었기 때문에 기대하고 있었는데 안타깝게도 날이 흐려서 보이지 않았습니다.
내일은 천황이 사는 황궁에 가기로 되어 있습니다.

그 후에 긴자에서 일본 전통극의 하나인 가부키를 조금 감상하기로 했습니다. 매우 기대됩니다.
그럼 또 편지 쓰겠습니다.

아영

**<문형연습>**

1． ～ことになる

②大学を卒業したら、日本の会社で働くことになっています。

③週末は、家族でハイキングに行くことになっています。

2． ～たら

②ご飯を食べたら、元気が出ました。

③何かわからなかったら、いつでも質問してください。

3． ～そうだ

②あのアイドルのコンサートは、とてもよかったそうです。

③昔は、彼もタレントのようにハンサムだったそうです。

4． ～てみる

②あなたも試験を受けてみたら、どうですか。

③わたしが先に食べてみてもいいですか。

5． ～ばかりだ

②このケイタイは、買ったばかりなのに、もう壊れてしまったよ。

③日本に来たばかりなので、まだ日本語が下手です。

# Lesson 9 편지 쓰는 방법

<본문해석>

그 후에 별고 없으셨는지요?
일본에서는 정말 신세 많이 졌습니다.
여러분 덕분에 매일 즐겁게 보낼 수 있었습니다.
처음에는 일본어를 전혀 못해서 두려웠지만, 매일 어머님이 일본어를 가르쳐 주셔서 일본어가 점점 능숙해졌습니다.
그리고 아버님에게는 전철 타는 방법을 배웠기 때문에 혼자서 전철을 탈 수 있게 되었습니다.
또한 모두 같이 놀러간 디즈니랜드도 정말 즐거웠습니다.
정말로 좋은 추억을 많이 주셔서 감사합니다.
별 거 아닙니다만, 보답으로 한국의 김치와 김을 드립니다.
한국에도 꼭 놀러오세요.
다시 만날 날을 기대하고 있겠습니다.
안녕히 계세요.

○년 ○월 ○일
김 아영

<문형연습>

1. お（ご） N

②木村さんのご家族は何人家族ですか。

③テーブルの上に、お花とお箸があります。

2. お Vます になります（＝なさいます）
ご する뺀 명사 になります（＝なさいます）

②新車のことは、社長がご説明になります（ご説明なさいます）。

③この本は、もうお読みになりましたか（お読みなさいましたか）。

3. お Vます します（＜いたします）
ご する뺀 명사 します（＜いたします）

②私の家族をご紹介します（ご紹介いたします）。

③私がお部屋までご案内します（ご案内いたします）。

4. （て）くださる

②みなさんが手伝ってくださって、予定より早く終わりました。

③おいしい料理を作ってくださって、ありがとうございます。

5. （て）いただく

②こんなすばらしいものを、いただいてもいいですか。

③ここではたばこを吸わないでいただけませんか。

6. （て）さしあげる

②よろしかったら、奥さんにお花を買ってさしあげたいのですが。

③先生に料理を作ってさしあげました。

# Lesson 10 일본의 전래동화①
# ~ 젊어진 두 사람

<본문해석>

옛날 어떤 곳에 할아버지와 할머니가 살았습니다. 둘 다 80 가까운 나이로 귀도 어두워지고 눈도 약해졌습니다.

"한 번 더 젊어지고 싶네."

화로 불을 쬐면서 항상 이야기를 나눴습니다.

어느 날 할아버지가 산에 나무하러 가서 저녁 무렵에 돌아왔습니다.

그것을 본 할머니는 깜짝 놀랐습니다.

할아버지가 어린 아이처럼 젊어져 있는 것입니다.

"할아버지, 어떻게 된 거에요?"

"산 위에 샘물이 있었거든. 그 물을 마셨더니 이렇게 됐어."

"그럼 나도 다녀와야지."

할머니는 집을 나섰습니다.

그러나 어두워져도 돌아오지 않습니다.

할아버지는 걱정이 돼서 찾으러 갔습니다.

"할머니, 할머니."

산 위에서 할머니를 부르고 있자, 덤불 속에서 울음소리가 들려옵니다.

가보았더니, 할머니의 옷을 입은 아기였습니다.

할머니는 너무 지나치게 물을 많이 마셔서 아기가 되고 만 것이었습니다.

<문형연습>

1．～のように

②彼女の笑顔は子どものようにかわいい。

③先生は、まるで親のように、生徒のことを心配した。

2．～（よ）う

②週末に海へ行くつもりだけど、木村さんも一緒に行こうよ。

③もう暗くなったから、早く家に帰ろうよ。

3．～ていく

②カメラは私が持っていくから、必要ありません。

③これからは、結婚しない女性がどんどん増えていくでしょう。

4．～てくる

②雨が降ってきましたね。急いで帰りましょう。

③出かけてくるから、掃除と洗濯をお願いしますね。

5．～すぎる

②どうやら、ガソリンスタンドを通りすぎたようですね。

③コーヒーをあまりにも飲みすぎて、頭がいたいんです。

# Lesson 11 일본의 전래동화②
## ~ 장난꾸러기 너구리

<본문해석>

장난꾸러기 너구리가 있었습니다. 항상 마을사람들을 괴롭혔습니다.

어느 달밤입니다.

너구리가 나무 아래 서 있었더니 촌장님이 오고 있습니다.

"좋아, 겁을 줘야지!"

너구리는 나무 위로 올라갔습니다.

촌장님은 나무 아래에서 잠시 쉬었습니다. 문득 위를 올려다보니 너구리 꼬리가 튀어나와 있습니다.

"이상하다, 이 나무에는 오른 쪽에도 나뭇가지가 두 개 있지 않았나?" 촌장님이 혼잣말처럼 말했습니다.

너구리는 당황해서 오른 손과 오른 발을 쑥 내밀었습니다.

"역시 그랬어. 하지만 왼쪽에도 나뭇가지가 한 개 있었는데."

그것을 듣자 너구리는 왼쪽 손도 내밀었습니다.

"아니야, 아니야, 틀림없이 한 개 더 있었어."

너구리가 다시 왼 발도 내밀려고 했습니다. 하지만 손발을 네 개 다 내밀었기 때문에 버틸 수가 없습니다. 너구리는 쿵하고 나무 위에서 떨어졌습니다.

"어때? 항복이냐?"

"네, 더 이상 장난은 치지 않겠습니다."

너구리는 그렇게 말하고 사과한 후 도망쳐 갔습니다.

<문형연습>

1. ～（さ）せる

②子どもが好きなものばかり、食べさせてはいけません。

③彼女が元気がなかったので、家に帰らせました。

2. ～かな

②どうして来ないんだろう。木村さん、お昼の約束、忘れたのかな。

③まだ私の電話番号をおぼえているかな。

3. 의지형 ＋ とする

②先生の質問に答えるために、手を上げようとしました。

③寝ようとしましたが、なかなか寝られませんでした。

4. はず

②おかしいなあ。正午来るはずなのに。

③もう１年くらい勉強したから、これくらいの漢字は読めるはずです。

5. ～たあと

②文法を勉強したあと、会話の練習をします。

③食事をしたあと、かならずコーヒーを飲みます。

# Lesson 12 동화
## ~ 뜨고 있어도 보이지 않는 눈

<본문해석>

가족이 없는 외톨이인 할머니가 병으로 눈이 보이지 않게 되었습니다. 병원에도 갈 수 없습니다. 할 수 없이 할머니는 의사에게 매일 와달라고 했습니다.

"제 눈이 보일 수 있게 될까요?"
할머니가 걱정스럽게 물었습니다.

"무거운 병입니다만, 비싼 약을 써서 고쳐주겠습니다."
의사는 너무나도 친절한 듯이 대답했습니다.

"꼭 고쳐주세요. 사례는 충분히 주겠습니다."

할머니의 집은 매우 부자였습니다. 방 안에는 멋진 물건이 잔뜩 있습니다. 의사는 그것을 보고 실제는 더 가벼운 병을 무거운 듯이 말했던 것입니다.

그리고는 매일 의사는 할머니의 눈 치료를 하자, 집 안에서 차례로 가구를 운반해냈습니다.

멋지고 커다란 사슴 뿔 장식, 아무리 추운 날에도 따뜻할 것 같은 모피 옷, 전 세계 어디에도 없을 것 같은 금 목걸이 등 모두 운반해내고 말았습니다.

"자, 눈은 나았습니다. 돈을 받을까요?" 의사가 야비한 듯한 목소리로 말했습니다.

"아니요, 돈은 한 푼도 줄 수 없습니다."

의사는 화를 내더니, 할머니를 관리가 있는 곳으로 끌고 갔습니다.

"눈이 보이게 되면 돈을 지불하기로 했는데 지불하지 않는 것은 왜지?"
이야기를 들은 관리가 할머니에게 물었습니다.

"예, 제 눈이 아직 낫지 않았기 때문입니다."

"낫지 않았다고? 하지만 눈을 크게 뜨고 있고 지팡이도 짚지 않은 채 걸을 수 있지 않은가?"

"네, 하지만 아직 보이지 않습니다. 전에 제 눈에 비쳤던 사슴뿔 장식이나 모피 옷, 금 목걸이 등이 하나도 지금의 제 눈에는 비치지 않습니다."

관리는 신기하게 생각하고 의사 집을 조사하게 했습니다. 그러자 할머니가 말했던 물건이 집 안에서 잔뜩 나왔습니다.

의사가 벌을 받은 것은 말할 필요도 없습니다.

**<문형연습>**

1．たずねる

②駅員に出発の時間をたずねました。

③試験勉強のことは、先生にたずねてください。

2．～のか

②ぼくの言っていることを聞いているのか。

③もう家に帰っているのか。

3．～ずに（＝ないで）

②授業が終わってから、家に帰らずに映画を見に行きました。

③親に話さずに、日本に留学することにしました。

# Lesson 13　광고

**<문형연습>**

１．～ている　→　てる

②ご飯を食べてたから、電話に出られなかった。

③よくわかってる。心配しないで。

２．～てしまう　→　～ちゃう

②学生は5時過ぎにみんな帰っちゃいました。

③帰りが遅くなったので、怒られちゃいました。

３．～みたいだ

②ゴミ箱みたいな、きたない部屋ですね。

③まるで子どもみたいですね。